# 越境する文化・コンテンツ・想像力

## トランスナショナル化するポピュラー・カルチャー

高馬京子・松本健太郎 編
Kyoko Koma & Kentaro Matsumoto

Transnational Popular Culture

ナカニシヤ出版

# はじめに

マンガ、アニメ、ゲーム、ファッションといったコンテンツが日本のポピュラーカルチャーとして世界を席巻しているといわれるようになって久しいが、その端緒となったのは、フランスで毎年開催される「ジャパン・エキスポ」であるとしばしば指摘される。二〇〇〇年に初めて開催されて以来、来場者は年々増加を続け、ここ数年は四日間の開催期間で二〇万人以上を集客する大規模なイベントとして成長を遂げている。ジャパン・エキスポは日本文化の総合博覧会として、多種多様なかたちで「日本らしさ」あるいは「日本らしいもの」が展示されるのである。

ジャパン・エキスポには日本国政府も協力しているが、他方で、その越境的なイベントの主な担い手となっているのは日本人にとっての「他者」、すなわちフランス人である。しかもそのフランス人にとっての日本の文化やコンテンツは、彼／彼女らの受容のプロセスを通じて組みかえられ、さらにそれが日本のメディア、企業、行政といったさまざまな行為者によって逆輸入され、新たに日本文化として定着したり、再発信されたりすることもある。むろんジャパン・エキスポで散見されるこのような事態は象徴的な事例といえようが、そのような構図は日本文化に限らず、世界中のさまざまな場所で発生している事態であるともいえよう。

付言しておくと、文化の越境を前提とした新たな「文化」の形成という事態は、なにも今に始まったものではない。私たちの日常生活における「衣食住」のどれ（着物、和食、日本家屋）をとったとしても、それらが純然たる国産ということはなく、長い歴史的な過程を通じて、ほかの地域に由来する異文化を受容するなかで、変容しながら形成されてきたものといえる。

ただ、ここで留意しなければならないのは、本書のサブタイトルにもあるような「文化」、「コンテンツ」、「想像力」が国家の枠組みを越えて伝播していく際に、従来であれば、たとえば「中国から日本へ」、あるいは「西洋から非西洋へ」といった具合に、文化間の力関係をめぐる不均衡を前提として、その越境の方向性が傾向づけられていた、という点である。それが昨今では、各種のデジタルテクノロジー、たとえばインターネットやスマートフォン、SNSのような双方向メディアの普及によって、文化、コンテンツ、想像力をめぐる越境の様態は大きく変容しつつある、といえるのではないだろうか。

むろん「CGM（Consumer Generated Media：消費者生成メディア）」や「UGC（User Generated Contents：ユーザー生成コンテンツ）」といった概念が示唆するように、あるコンテンツやそれにともなう想像力、もしくは、あるコンテンツをとりまく文化は、より流動的に、既存のボーダーを越境して流通するようになった。その背景には、たとえばブログやYouTubeなどといったインターネットを前提とする新しい媒体、すなわち人びとが越境的に情報を拡散するための技術的環境があるといえるだろう。濱野智史が指摘するように、「新聞やテレビや映画やCDといった「プロフェッショナル」がつくるメディアやコンテンツではなく、これまでそれを消費し、使うだけの存在だった「一般利用者」（アマチュア）の側が、ネットを通じてコンテンツを発信していくようになった」（濱野 二〇一五：一八－一九）のである。しかし他方では、その新たな技術的環境、およびそこに随伴するアーキテクチャによって、実際にはその「発信者」をコントロールする仕組みは以前にも増してより錯綜したものとなりつつある。

「越境」をめぐる学説史を遡ってみると、本書の中心的なテーマである「ポピュラーカルチャーのグローバリゼーション」とは、従来であれば「アメリカナイゼーション」（Storey 2006）と同位にあるものとして理解される傾向にあった。また、その文脈で考えた場合、日本を含むアジアのポピュラーカルチャー研究とは、グローバル化したアメリカ文化をいかに各地域でローカライズしていくのか、という点を考察するものであった。そういった状況が時代とともに変容していくなかで、国内外の日本のポピュラーカルチャー研究者によって頻繁に引用された一冊の本がある。「グローバル」という言葉ではなく、一九九〇年代における日本のポピュラーカルチャーのアジア圏への越境を「トランスナショナル」という言葉を用い、日本語と英語の双方で議論を展開した岩渕功一による『トランスナショナル・ジャパン』（岩渕 二〇〇一／二〇一六、Iwabuchi 2002）である。彼はその著書のなかで、ハナーツ（Hannerz 1996）アパデュライ（Appadurai 1996）を引用しながら以下のように指摘する。

トランスナショナルという語は、世界の隅々を覆うことを意味するグローバルよりも、誇張的でなく控えめで現実的な意味合いを持つ。さらには、「国際《インターナショナル》」が国民国家という単位を前提としがちなのに対して、「トランスナショナル」は国家の規制や拘束力を軽々と飛び越える資本や企業のマクロな動きと、移民やツーリズムによる人間の移動の加速化とメディア・コミュニケーション技術の発展がもたらしている、統制することの困難な人・モノ・情報・イメージのミクロなつながりの双方を視野にいれており、ナショナルの枠組みでは捉えきれない新しい国境を越えた文化と繋がり、そして想像力が生成され続けていることが強調される。（岩渕 二〇〇一：一七─一八）

本書が出版される二〇一八年時点で、岩渕による『トランスナショナル・ジャパン』の初版が刊行されてから一五年以上が経過したことになるが、二〇一六年に刊行されたその文庫版において、本人は「二一世紀以降、デジタル・コミュニケーション技術の発展により、メディア文化の生産・流通・消費・アクセスを大きく変えた」（岩渕 二〇一六：vi）との指摘をおこなっている。たしかに昨今の文化的状況を勘案すると、インターネットのみならずスマートフォンなどのモバイルメディアの発達によって、よりトランスナショナルなコミュニケーションが日常的な水準で身近に感じられるようになりつつある。また現在では、強大な力をもつ国家や企業のみならず、それ以外の多様な行為者によって情報が自由に発信され、それが縦横無尽に行き交うという状況が現出している。そしてその過程で、「文化」、「コンテンツ」、「想像力」が異文化へと流入し、もともとの発信者の想定とは乖離したところで、現地の社会において受容されたり、再編されたり、さらには、再発信されたりすることもある。

むろん現代の越境をめぐる状況は、「グローバリゼーション／アメリカナイゼーション」という言辞で示唆することがふさわしいものもあれば、「トランスナショナリゼーション」という言辞で示唆することがふさわしいものもある、といえるだろう。たとえば、世界各地のどこでもほぼ同じコーヒーを味わうことができるスターバックスを考えてみよう。このアメリカ発の世界的なチェーンでは、世界各地のご当地タンブラーを販売しているが、それはあくまでも企業のコントロール下で展開された戦略であり、現代社会における「グローバリゼーション／アメリカナイゼーション」の典型的な事例となる。これに対する「トランスナショナリゼーション」として、筆者が実際に遭遇した印象深い事例をあげておきたい。

筆者は調査のため、二〇一四年にリトアニアで開催された「ジャパン・ナウ」を訪れた。これは日本のポピュラーカルチャーや伝統文化、コスプレ大会を催すイベントであるが、筆者はそこで、『PON PON PON』のPVに登場するきゃりーぱみゅぱみゅと同じファッションを身につけたリトアニア人の少女と遭遇した。その少女に対して、どのようにしてきゃりーぱみゅぱみゅを知り、彼女とまったく同じ衣装を着用するに至ったのかを質問したところ、彼女はYouTubeで前述のPVを見て、そこに登場するファッションを模して、母親に衣装を手作りしてもらい、それを身につけてイベントに参加したのだという。リトアニアのマスメディアでは、きゃりーぱみゅぱみゅやその音楽について、その時点ではまったく報道されていなかったわけだが、「ジャパン・ナウ」を訪れたリトアニア人たちはその少女を通して、きゃりーぱみゅぱみゅという存在を知ることになったのである。

YouTubeにアップロードされたそのPVはレコード会社による公式のものだが、その発信者の意図や戦略の及ぶ範囲外で、きゃりーぱみゅぱみゅのイメージがその少女へと伝わり、さらに少女がそのイメージを模倣することで今度は行為者となって、リトアニア社会できゃりーぱみゅぱみゅのイメージが拡散されたわけである。この事例が象徴するように、現代では「グローバル」という視点のみでは語りえない、複数かつ多様な行為者による文化的越境、すなわち「トランスナショナル」な状況が世界中のいたるところで一般化しているのである。

本書では「越境する文化、コンテンツ、想像力」を主題として、日本をはじめ世界各地における「トランスナショナリゼーション」の諸相を分析の俎上に載せようとするものである。そのトランスナショナル・コミュニケーション空間において、私たちが目を向けることになるのは、以下の四点である。

①いかにして文化が戦略的に形成、発信されているか。
②いかにして文化が異文化のなかで受容され、その意味が変容し、再編成されるか。
③デジタルメディアの発達にともない、いかにして文化がウェブ空間で形成、伝達されているか。
④現代のポピュラーカルチャーのコンテンツがいかにして形成されているか。

まず①は、トランスナショナル・コミュニケーション空間において、いかにして文化が政策、メディア、企業などによって戦略的に形成、発信されているかという問いである。時代やプロセスは異なるにせよ、トランスナショナル・コミュニケーションにおける「文化」発信は、複数の行為者によって形成・発信され、その双方向性が重要な論点になりうる。そのようななかで、一つの国の文化を戦略的に、あるいはトランスナショナルに形成・伝達する動きは、もはや単純なものではなく、より複雑なプロセスを内包している、といえるだろう。

続く②は、いかにして文化が異文化のなかで受容され、その意味が変容し、再編成されるか、という問いである。つまり異文化受容に際して、ある地域の文化やコンテンツがそのローカルな文脈から切り離されて流通し、当初であれば想定しえなかったような文化を新たに生成する、ということがある。さらにいえば、新たな文化がさまざまな異文化を受容する過程から生まれ、それが海外でそのまま受容されるケースもあるし、また、「文化的近似性」をもとに、トランスナショナルに拡散するケースもある。また、ある文化が異文化において受容され、そこからステレオタイプが形成されたり、還元的に表象されたりするケースもあるだろう。

③はデジタルメディアの発達にともない、いかにして文化がウェブ空間で形成、伝達されているか、という問いで

ある。そこではインターネットの双方向なウェブ空間におけるコンテンツの流通、マスメディアによる影響、ユーザーによる「承認」などの問題が重要となってくる。

最後の④は、現代のポピュラーカルチャーのコンテンツがいかにしてトランスナショナルに形成されているか、という問いである。ここでは、たとえば日本において独自に発展してきたように捉えられがちなポピュラーカルチャーが、実際には、さまざまな異文化の「越境」を前提として、いかにして複合的に織り上げられてきたかという、その過程を解明するための議論が展開されることになるだろう。

ともあれ本書では、以上に提示した四つの問いに立脚しながら、「異文化」、「コンテンツ」、「歴史」、「メディア」という各部のテーマに即して、あわせて一六の章によって議論が展開されることになる。各章の概略をあらかじめ素描しておくならば、まず第I部「「異文化」から考えるトランスナショナル・コミュニケーション」には、以下のような議論を含む四つの章が収められている。

第一章「越境するgeisha――現代フランスの新聞における「日本女性」像の構築」（高馬京子）では、未熟な日本女性像を決定づけた「geisha（ゲイシャ）」という言葉を主な題材として、それが一九世紀末にフランスで取り上げられて以来、現在に至るまでいかにフランスの新聞などで表象されてきたのか、そして、それが本来の「芸者」という意味を超えて、「日本女性」、さらには「日本」を指示する比喩表現として還元的に使用されてきたことを明らかにし、そのステレオタイプ的なイメージについて議論を展開することになる。

第二章「アジアを目指す日本ファッション――トランスナショナルなメディアとファッション」（大山真司）では、トランスナショナル空間で戦略的に形成される「ブランド」の複雑な越境性について議論が展開される。「日本ブランドとは何か」、あるいは「日本の企業が欧州のブランドをアジアで展開する場合、そのブランドはどこの国のブランドとなるのか」など、ここでは現在のトランスナショナルなファッションビジネスにおける「国籍」について問い、そして、グローバル・マーケティングが実践されるブランドの人材、市場、企業などが越境し活動するなかで、特に日本で根強いナショナルブランド・ファッションへのこだわりを「生産フェティシズム」と捉え考察していくことになる。

第三章「東アジアポピュラー文化圏の境界――台湾とナガの若者のポピュラーカルチャー消費を事例に」（太田哲）では、ポピュラーカルチャーがトランスナショナルに流通していく場合、「文化的近似性」や「文化的近時性」の問題がどのように関わってくるかについて、台湾やインドの事例をもとに議論が展開されることになる。そのなかで、アメリカのものは、文化的近似性とは無関係にナショナルな枠組みを越えて拡散される傾向があるのに対して、日本や韓国のもの、そのなかでも特に「文化的無臭性」を帯びていないものはグローバルな広がりをみることができるものの、「臭いのあるもの」については局地的にしか拡散されない傾向があると指摘されている。

第四章「イスラーム文化の「基準化」の広がり――食品に関するハラール認証制度の形成と展開から」（後藤絵美）では、日本においてもトランスナショナルにその仕組みを取り入れ、ビジネスチャンスに結びつけようとするハラール認証制度について議論が展開されることになる。とりわけ本章では、ハラール認証に代表される基準化の動向が、非イスラーム世界とイスラーム世界のあいだの壁を乗り越えるための足がかりとなるのか、あるいは、それを覆い隠すものとなるのか、という問いが立てられる。

第Ⅱ部「「コンテンツ」から考えるトランスナショナル・コミュニケーション」には、以下のような議論を含む四つの章が収められている。まず、第五章「スポーツ化するｅスポーツ――その競技性とトランスナショナル性をめぐる一考察」（柴田拓樹・松本健太郎）では、コンピュータやインターネットの普及とともに発展を遂げ、オンラインで他者とゲームで競技する「ｅスポーツ」を取り上げ、それが既存のスポーツとの緊張関係のなかでどのように制度化されつつあるのかを明らかにする。

第六章「テレビ番組のトランスナショナル――コンテンツの輸出入・フォーマット販売から映像配信サービスまで」（石田佐恵子）では、二〇世紀後半を通して国境を越えて視聴される傾向が拡大していったテレビという「ナショナルメディア」から、現在のインターネット（動画共有サイト、映像配信サービス）へと視聴傾向が移行していくなかで、それぞれの国家によるインターネット映像配信サービスへの規制がさまざまなかたちで働いている現状を明らかにしている。

第七章「アニメーションのインターテクスチュアリティ」（小池隆太）では、世界でも人気の高い日本のアニメーションが、時代や国を越境していくなかで、いかにほかの「作品」を取り込みながら形成されていったのかについて、作品間の相互参照性を「創造的な営為」の一環として捉えながら考察を展開している。

第八章「過圧縮ポップの誕生――「ジャンルの混在」と「八九秒の制約」から生まれた日本独自のポップミュージック形式」（柴那典）では、目まぐるしい曲展開をもち、多くの要素を詰め込んだ日本のポップミュージックを取り上げ、それが一九九〇年代に日本に紹介されたアメリカのオルタナティブ・ロック、ラップ、メタルバンドを融合したミクスチャー・ロックの影響下で生み出され、いかにして海外でトランスナショナルに受容されるようになったのかが論じられている。

第Ⅲ部の「「歴史」から考えるトランスナショナル・コミュニケーション」には、以下のような議論を含む四つの章が収められている。

第九章「若者たちは何を夢見たのか――ファッションの創造力」（成実弘至）では、アメリカと日本をめぐるトランスナショナルな想像力を駆使しながら実現されてきた戦後の若者におけるファッションの変遷について、①アメリカン・ドリームの時代、②ハイブリッド・ニッポンの時代、③リアル／コスプレの時代の三段階から分析が展開されることになる。

第一〇章「文化外交としての宝塚歌劇――海外公演をめぐって」（北村卓）では、文化外交としての宝塚歌劇の海外公演がすでに戦前から実践されていたこと、また、どの国でも同じ演目が公演されるわけではなく、開催する国や時代に条件づけられた政治的、外交的、経済的背景が複雑に絡み合い、その海外公演がなされていた点を明らかにしている。

第一一章「日本の禅、世界のＺＥＮ」（山田奨治）では、中国から伝えられた日本の「禅」がアメリカでどのように異文化受容され、「ＺＥＮ」として定着していったかを明らかにする。また、その定着に際して、異文化の受け手が発信者となる際に起こる情報変換の諸相に焦点をあて、その通史的な考察を展開することになる。

第一二章「静寂のデザイン――曹洞禅における袈裟の伝承について」（小野原教子）では、曹洞禅における袈裟がすでに成立時点からもつトランスナショナルな性質や、時代や社会のなかで変化をおびながら形成され着用されてきた状況を、フランスの事例などを取り上げながら考察している。

第Ⅳ部「「メディア」から考えるトランスナショナル・コミュニケーション」には、以下のような議論を含む四つの章が収められている。

第一三章「初音ミク――ネットアイドル文化のトランスナショナル化の可能性」（伊藤直哉）では、ネットアイドルである初音ミクについて、個別最適化により、天才クリエーターに創造されたミクと、全体最適化により、皆に創造されたミクという、二つのミク現象をめぐるトランスナショナリティについて議論が展開されることになる。

第一四章「インターネットはアイドルのローカル性を再編成する――メディアとコミュニケーションの視角から考えるアイドル受容の現在」（谷島貫太）では、インターネットの登場によってアイドルをめぐる文化現象が日本のメディア文化圏から越境していく可能性の条件について議論が展開されることになる。

第一五章「モバイル＝デジタル時代のパンデミックな「承認」――越境するパフォーマティブなデジタル写真」（遠藤英樹）では、「モバイル＝デジタルな社会」というべき現代社会において、世界中に拡散している Instagram への写真投稿によって、「承認」という非日常性のパフォーマティブな装飾が「リアルな日常性」となるような状況が出現しつつあることが明らかにされる。

第一六章「実践としてのトランスナショナル――ネットワーク社会における表現と越境的対話」（廣田ふみ）では、

国際交流基金アジアセンターの試みとして展開された日本と東南アジア文化交流プロジェクトが、かつての「日本文化の紹介」といった「ブランド・ナショナリズム」とは性質を異にし、インターネット普及以降にある文化交流として、越境的対話や協働性を前提とする「双方向交流」をおこなっている事例が紹介されている。

このように、既述の四つの問いを前提としながら、また、各部を構成する「異文化」、「コンテンツ」、「歴史」、「メディア」という四つの視点を前提としながら、現代のトランスナショナル・コミュニケーション空間で形成、再編成、受容、発信／再発信される「文化」、「コンテンツ」、そして「想像力」について、その多様な側面を読者が理解していくうえで、本書がその一助になることを願っている。

編者を代表して
高馬京子

### ◉引用・参考文献


岩渕功一（二〇〇一／二〇一六）『トランスナショナルジャパン――アジアを繋ぐポピュラー文化』岩波書店
濱野智史（二〇一五）『アーキテクチャの生態系――情報環境はいかに設計されてきたか』筑摩書房
Appadurai, A. (1996). *Modernity at large: Cultural dimensions of globalization*. Minneapolis, MN: University of Minnesota Press.
Hannerz, U. (1996). *Transnational connections: Culture, people, places*. London: Routledge.
Iwabuchi, K. (2002). *Recentering globalization: Popular culture and Japanese transnationalism*. Durham: Duke University Press.
Storey, J. (2006). *Cultural theory and popular culture: An introduction*. New York: Prentice Hall.

# 目次

# 第 I 部

## 「異文化」から考える
## トランスナショナル・コミュニケーション

# 第一章　越境するgeisha

## 現代フランスの新聞における「日本女性」像の構築

高馬京子

### 第一節　はじめに

日本女性とは私たちの東洋へのファンタスムの一部分をなす。東洋女性が持つ官能性に、日本女性は少ししとやかな「従順さ」を男性の欲望へ付与する。［…］その最も有名な代表は芸者である。[1]（Pons & Souyri 2002：69-70）

これは日本研究者であるピエール=フランソワ・スイリと、フランスの新聞『ル・モンド（*Le Monde*）』の特派員であるフィリップ・ポンスによってフランス語圏読者向けに執筆された、『日本人の日本（*Le Japon des japonais*）』の「女性」という章における日本女性像への言及である。

『ロベールフランス語歴史辞典（*Le Robert dictionnaire historique de la langue française*）』および『ロベールフラ

［1］本文の英語、フランス語の著作の翻訳に関しては、断りがない限り、筆者が日本語に訳したものである。

ンス語辞典（*Le Robert*）』によると、フランスで'geisha'（「guécha」という綴り）という言葉が最初に使われたのは、一八八七年にフランス中道右派の新聞『ル・フィガロ（*Le Figaro*）』（一八二六年に創刊したフランスの新聞）で連載されたピエール・ロチの小説『お菊さん』だとされている。[2]そして、この『お菊さん』に登場する日本女性がmousmé、geishaとして表現されたことで、それによって「従順」かつ「官能的」な日本女性像が形成され、[3]さらにそれが継承されながら、西洋における現代的な日本女性像の形成へと結びついている、とポンスらは洞察している[4]（Pons & Souyri 2002 : 69-70）。このように geisha 像は、代表的な「日本女性」像として一九世紀後半以来フランスで普及し、日本女性のみならず、日本を表すステレオタイプとしてみなされるに至っている。[5]

以上のような歴史的経緯がある一方で、一九九〇年代のバブル崩壊後に出版された新しい日本人女性像に関する本として、『日本人女性、穏やかな革命（*Japonaises, la révolution douce*）』（Garrigue 2000）を取り上げることができよう。ここでは男女雇用均等法から一〇数年を経た日本社会において、一定の地位を獲得するようになったことでより快楽を求め、従来よりも自分自身に専心するようになった日本の現代的な女性像について言及がなされている。ともあれ日本女性のライフスタイルが変化した今日、フランスにおいて一世紀以上前から日本女性を描写するために使われてきた伝統的なステレオタイプ、すなわち geisha は、はたしていま現在でも使用され続けているのだろうか。もし使われているとするならば、それはどのような文脈で、何を指示するために使用されているのだろうか。

本章では、二〇一七年の『ル・フィガロ』を取り上げ、そこで、いかにして geisha という言葉が使用されているのかを中心に考察を展開する。ジャポニスムとは一九世紀末から二〇世紀初頭にかけてヨーロッパの美術、工芸、趣味に多大な影響を与えた日本美術の流行である。二〇一七年は、二〇一八年に迎える日仏友好一六〇周年を機に政府主導でジャポニズム二〇一八総合推進会議が開催された年であり、『お菊さん』が掲載された時代から一三〇年近くを経た時期にあたる。また同年は、二〇一七年時点では二〇万人を超えたジャパン・エキスポの来場者数が初めて[6]一〇万人を超えた二〇〇八年から数えてちょうど一〇年目にあたる。そのような現況を勘案した場合、「第一次ジャポニスム」のなかで生まれた geisha という言葉は、それが十分な普及をみた「第二次ジャポニスム」[7]とも呼ばれる今日、二〇一七年において、どのようなコンテクストでいかに使用されているのだろうか。

本章では、日本のポップカルチャーが本格的に席巻する直前の時期となる、一九九五年、二〇〇〇年、および二〇〇五年刊行の『ル・フィガロ』における geisha という語の用法について再確認する（Koma 2009）。そして、マンガ、アニメ、少女、kawaii などのポップカルチャーがフランスで日本のイメージを構築する以前に、日本女性のステレオタイプ像としての geisha がいかに使用されていたかを通観しながら、日本のポップカルチャーの隆盛後となる現代においてもなお、そのイメージが残存していることに着眼し、それがいかに用いられているのかを検討していく。[8]

［2］『オリエンタリズムとジェンダー――「蝶々夫人」の系譜』を論じた小川（二〇〇七）によると、一八八七年一二月から『ル・フィガロ』で連載されたとする。

［3］国立西洋美術館館長の馬渕明子は、すでに一八六七年のパリ万国博覧会に三人の芸者が参加しており（馬渕二〇一七：五）、また、一八七六年にパリで上演された『美しいサイナラ』のなかで geisha や mousumé という言葉がすでに使われている、と指摘している（馬渕二〇一七：六八‐六九）。

［4］フランスの女性ファッション雑誌の一つである一九〇一年に発刊されたブルジョワ女性向け隔週発行女性誌『フェミナ（*Fémina*）』一九〇三年八月一日号に掲載された『日本の女性たち（*Femmes du Japon*）』という記事では、ゲイシャとムスメしか紹介されず、日本女性＝ゲイシャもしくはムスメ像が形成されている（Koma 2014）。

［5］この geisha はフランス語のロベール辞典にも見出し語として存在する。また、『ロベールフランス語語源辞典』によると、この語は、一八八七年にフランスで初出している。当時の小説家ピエール・ロチ（Loti 1990）の『お菊さん』の小説で guécha というかたちで初出した後、日本語の発音にあわせ *geisha*（1889）という表記に変化しているとされている。日仏の国交が成立した直後、初めて、このような geisha としての日本女性のイメージがフランスで、そして世界に流布されたといえよう。

［6］フランスで二〇〇〇年以降に開催されてきた日本のポップカルチャーを紹介する祭典。

［7］国際交流基金〈https://www.jpf.go.jp/j/about/jfic/topics/2006/fr-0307-0085.html（最終確認日：二〇一八年二月六日）〉

## 第二節　分析方法

本章ではフランス全国紙におけるgeishaという語の現代的な用法を調査するため、言説分析のアプローチを援用した。ミシェル・フーコーが『知の考古学』で言及した知見にもとづくのであれば、言説とはドミニック・マングノーが定義する「生成されたテクスト自身でありかつその言説を生成可能にするシステム」であり、かつ「社会歴史的に決定づけられたコミュニケーション行為の軌跡」であるとされる（Charaudeau & Maingueneau 2002：186）。また、言説とは「知識というもの」、「文学というもの」、「哲学というもの」、「広告というもの」（本章では「日本女性というもの」）などを正当化するものであるが、他方では、これらの枠組みこそがそれぞれの言説を正当化するという（相互的な）構図として把握することもできる（Charaudeau & Maingueneau 2002：43）。このような言説分析は、制度によって規定された言説を通して、いかにその「出来事」が公共の場で構築・伝達されるのか、その過程を考察することが目的となる（Charaudeau & Maingueneau 2002）。本章では以上を前提としたうえで、geishaという語がフランスへ越境し、フランス社会の通念に条件づけられたメディア言説との関係において使用されるなかで、日本女性像がいかに形成、伝達、強化されてきたのかについて考察する。

また、本章で分析を展開するにあたって、あらかじめ「借用語（loan word）」、「ゼニスム（xenism）」、「ペレグリニスム（peregrinism）」といった概念に関しても簡単に解説を加えておきたい。（フランス語の）『言語学辞典（*Dictionnaire de linguistique*）』では、外国語が自国の言葉で使用されるための三段階を示すものとして、これらの概念が次のように規定されている。

ゼニスム（xenism）とは、この言語話者の文化に特有の現実を指示する外国語における語からなる語彙単位である。ゼニスムとは、借用語の第一段階で［…］、元の言語コードや外国の事実を参照しながら言及されるものである。ペレグリニスム（外国語の要素をまねて用いること）は、外国の現実を反映するが、その意味の知識は間発話者によって想定されシェアされている。借用語（A loan word）は、フランス語に入り込み、たとえばその派生語や語の構成過程に現れうるのである。（Dubois et al. 2001：512）

以下では、geisha という語が前述の三段階においてどのように使われ、日本女性像や日本像をいかに構築しているのかを考察する。[9]

## 第三節　日本のポップカルチャーブーム以前の現代フランス世論に現れた geisha

本節では、フランスで日本のポップカルチャーブームが本格化する直前の時期にあたる一九九五年、二〇〇〇年、二〇〇五年に、geisha という語がフランス世論にどのように浸透していたのかを考察しておく。具体的には *Memoirs of Geisha*（R・マーシャル監督、二〇〇五年）のような映画や小説のタイトルなど、geisha そのものを直接的に扱っている場合は調査対象にいれず、日本と関係する、あるいは日本と無関係な事物や人物を形容する際に、ど

[8] 高馬（Koma 2009）では、フランス全国紙三紙『ル・モンド』、『ル・フィガロ』、『リベラシオン』における geisha および kawaii の語の使用の違いなどについて考察した。本研究では高馬（Koma 2009）で取り上げた『ル・フィガロ』に掲載された geisha の事例について、そこでは取り扱えなかった点を再分析、またその後、現代日本のポップカルチャーが受容されるフランスでの geisha という語の受容状況を考察するため、geisha の語の由来、二〇一七年度の状況など新たな視点から日本女性像の構築に geisha という言葉が付与する意味を改めて発展的に考察することを目的とした。

[9] これら三段階を「ペレストロイカ」という言葉で分析したルロワ（Leroy 2006）によると、調査した「ペレストロイカ」という語は、ゼニスム（xenism）ないしペレグリニスム（peregrinism）として使われても、この語のもつ借用語にはならないとされている。というのもこの語を使うときに旧ソ連を参照しないことがないからとする。

表 1-1　『ル・フィガロ』オンラインにおける geisha の使用回数

| | | | |
|---|---|---|---|
| 1995 | 0 | 日本に関する指示対象 | 0 |
| | | 日本以外の指示対象 | 0 |
| 2000 | 6 | 日本に関する指示対象 | 3 |
| | | 日本以外の指示対象 | 3 |
| 2005 | 5 | 日本に関する指示対象 | 3 |
| | | 日本以外の指示対象 | 2 |
| 総　計 | 11 | | |

のような文脈で、場合によっては比喩的表現として、geishaという語が使われるかを調査した結果（Koma 2009）について、以下のように整理しておこう。表1-1は『ル・フィガロ』オンライン[10]におけるgeishaという語の使用回数に関する調査結果をまとめたものである。

geishaという言葉は一九九五年では認められなかったが、二〇〇〇年、二〇〇五年の『ル・フィガロ』では（数は少ないものの）日本に関する形容だけではなく、他国のものを形容する際にも使用されていた。これからみていくフランス全国紙『ル・フィガロ』では、geishaという語は説明をともなう「ゼニスム」としてではなく、すべて説明をともなわない「ペレグリニスム」として使用されている。すなわち読者がgeishaという語を、以下の内容を含意するものとして共通に認識している、ということが前提とされていると推察されるのだ。

① geisha ＝「日本」
② geisha ＝「日本女性」
③ geisha ＝ geisha に特有と考えられている身体的特徴（白い肌、髪型、歩き方、口紅の色など）
④ geisha ＝ 芸者（本章では分析対象にしない）

このようにペレグリニスムとして、説明なく外来語が全国紙に使用されるということは、フランスでgeishaという言葉が一般に広く浸透していることを示唆していると。それでは、geishaという語が④の「芸者」そのものを指示しない場合、それがいかなる文脈で使われているのかを考察してみたい。

## 一　geisha＝「日本」

geishaがペレグリニスムとして使われ、換喩的に「日本の」あるいは「日本」といった意味で使用される例として、ベルギーの小説家アメリー・ノートンによる自伝的小説『チューブな形而上学（*Métaphysique des tubes*）』の批評記事を取り上げておこう。その記事には、次のような文が含まれている。

この面白くない"*prêchi-geisha*"を読んでいる間、私たちはそのように失望しながら扱われたもとの主題を最終的に批判するのである。（『ル・フィガロ――ル・フィガロ・リテレール』二〇〇〇年八月三一日）

フランス語の表現でprêchi-prêchaとは、「繰り言」という意味である。この"*prêchi-geisha*"はその地口、すなわち語呂合わせである。先の小説は日本を舞台としており、著者の〇‐三歳までの自伝的小説ではあるものの、芸者に関する話ではない。すなわちここで使われるgeishaとは芸者そのものではなく、語呂合わせでこの*prêcha*の音と重なり、かつ、フランスの読者に対していともたやすく「日本（女性）」を想起させる語として、還元的に使用されていると考えられる。それは「面白くない」という形容詞も付与されることで、「日本に関する風刺的繰り言」というアイロニカルな批判を提示するために使用されているのである。

［10］『ル・フィガロ』のオンライン版には週末に新聞に付随して販売される『マダム・フィガロ』など別冊雑誌の情報も含まれている。

また他方では、geisha＝伝統的日本とする次のような例も見受けられる。

プロヌプティア（Pronuptia（店名））は、geishaを再訪する。ニューモデルを提案することでブランドショップツアーをすでに行った女性を引きつける方法、それは歌舞伎と命名された折り紙の「日本化するスタイル」である。（『ル・フィガロ』二〇〇五年六月九日）

さらに、その古い家具とともにgeishaコーナーを見つける。実践的に全盛期のmousuméのタンスと名づけられたものなどである。（『ル・フィガロ』二〇〇五年二月一〇日）

これら二つの事例において、geishaという語は、それぞれ順にgeisha＝日本スタイル、geishaコーナー＝日本の伝統的家具コーナー（むろん箪笥は芸者のみが使っていたわけではない）という、「伝統的な日本」を意味する換喩として使われている、といえよう。

## 二 geisha＝「日本女性」

geishaという語が換喩的に、日本女性を示すものとして使用されることがある。以下の事例を参照してみよう。

ゲランが一九六二年にブルータイムの香水瓶を東京のgeishaに提案したとき、その若い女性の顔に戸惑いをみて面白がった。それは、香水をつけない人の象徴であった。（『ル・フィガロ』二〇〇〇年五月一一日）

ここで、geishaが日本人女性を指すのか、芸者を指すのかは曖昧ではある。たとえば、エッフェル塔が女性名詞であり、鉄でできているため「鉄の貴婦人（la Dame de fer）」（『ル・フィガロ』二〇一七年八月二九日）と表現されたり、フランスが国土の形状から「六角形（l'Hexagone）」（『ル・フィガロ』二〇一七年五月八日）と表現されたりするように、フランスの新聞メディアに認められる傾向として、一つの事物に対して反復的に言及する際に、同一表現の繰り返しを避けながら叙述を展開する、という特徴がある。ここでは「東京の geisha（geisha Tokyoite）」というように、geisha とより密接的に結びつく場所として京都ではなく東京があげられていること、また、その後に「若い女性」と置き換えられている（若い geisha であれば、maiko と書かれる可能性もある）ことから、これは「芸者」の意味ではなく「日本女性」の意味で使用されたと理解することができるのではないか。これと類似する事例として、同時期に出版されたフランスの中道左派の新聞『ル・モンド』に掲載された記事をあげることができる。次の文をみてみよう。

二つのブランドは geisha のために新しい時代の香水を発明した。香水は最大の慎み深さとともに日本人によって消費される。（『ル・モンド』二〇〇〇年五月二四日）

この文章で geisha は、その直後に「日本人」と言い換えられていることからも、「芸者」ではなく「日本女性」を意味するものとして使われており、また、これを執筆したジャーナリストが「日本女性は香水をそれほどたくさんつける習慣がない」という固定観念を主観的に形成していることが読みとれる。

## 三　geisha = geisha の身体的特徴

geisha が「白い肌」や「赤い口」などの化粧による身体的特徴を有していることが、フランス人の読者には「あたりまえ」に周知されている情報だということを前提として、geisha という語が使われることがある。

鈴木その子、geisha の化粧に似ており、白い美しさの女王という異名をとる。（『ル・フィガロ』二〇〇〇年一〇月三日）

この記事には「geisha の化粧」がどういうものかという説明はない。すなわち、ここで geisha はペレグリニスムとして、日本の一人物を指示するのに使われている。繰り返しになるが、このようにペレグリニスムが説明なしで使われるということは、その読者が当該社会のコンセンサスとして、百科事典的知識を利用して、説明がなくとも主体的に解読できることを前提に、送り手がメッセージを発信していることを意味している。その結果、その社会の構成員である読者にとって、暗黙裡に前提とされるフランス社会の「あたりまえ」もしくは「コンセンサス」としての geisha 像が構築／再強化されることになる。

なお、この「あたりまえ」が事実と合致するかというと、必ずしもそうとはいえない。ここまでみてきたように、ジャーナリストが新聞において geisha という言葉を、説明を随伴しないペリグリニスムとして使用することは、geisha といえば「日本」あるいは「日本女性」といった（必ずしも事実ではない）一表象をその社会の一コンセンサスとして示すこと、すなわち、その社会の構成員である読者の百科事典的知識を再強化する帰結を惹起することになるのだ。

また、同じように geisha が日本とはまったく関係のない人物の外見、キモノ風の服、化粧方法、エキゾチックなものなどを表すために使用されることもある。

（紫色）それは、ランジェリーの色で、geisha の唇の色である。赤い血は生と死、女性性の概念を表現する。（『ル・フィガロ』二〇〇〇年一一月七日）

チャーリーズ・エンジェルは geisha のように仮装をすることに躊躇しない。（『ル・フィガロ』二〇〇〇年一一月二二日）

マドンナ、モードアニマルから変化し、geisha の様相を［…］追従する。（『ル・フィガロ』二〇〇五年一一月一〇日）

スポーツマックスは geisha スカートのようにフリンジが付き刺繍が施されていた（1690F）。（『ル・フィガロ』二〇〇〇年六月二八日）

もちろん、写真がない限り、これらの引用が geisha という言葉を通して何に言及しているのかを確定することは難しい。しかしながら確実にいえることは、ここでは geisha という語が説明なしに使用されており、フランス人読者の geisha とは何かという還元的な百科事典的知識を強化する役割を果たしている、ということである。

以上のように geisha という語は、読者がその外見的特徴――白い顔、赤い口――などを百科事典的知識として有していることを前提とするペレグリニスムとして使用される。左派系フランス全国紙『リベラシオン』における別の例をあげると、ある記事には「パシフィスト geisha のベンは白と、ブルーの服を着ている。ノッティンガムから来た二四歳である」（『リベラシオン』二〇〇五年七月五日）という文が掲載されている。ここでの geisha が何を意味するのかは、日本人の視点から想像することはもはや容易なことではない。『リベラシオン』は改まった表現やスラング表現など、さまざまな文体が交わる「スノッブな知識人」（高馬二〇〇六：一一九）向けと評される傾向があるが、その読者たちにとっては（厳密には、その意味がわからなくとも）その読者としてふさわしい自身のイメージ構築のために、ジャーナリストが準備した「共謀関係」の一端を担いながら、またその社会における「世界についての甚大な数の知識」、すなわち「百科事典的」（Maingueneau 2016）ともいえるコードを駆使しながら、これを解読しようと試みるはずである。これは、すぐに解読しえない難解さを用意することで、読者をテクストに引き込む／信じ込ませるためのレトリックともいえよう。

## 第四節　日本のポップカルチャーブーム以後に出現したgeisha

フランスの日本文化の祭典「ジャパン・エキスポ」の来場者数が四日間で一〇万人を超え、日本のポップカルチャーが本格的にフランスで人気になり始めた二〇〇八年から一〇年近く経ったいま、'kawaii'や'shojo'が日本や女性を形容する言葉としても流布するようになった。それでは、フランスの新聞『ル・フィガロ』では、伝統的な日本女性を示すステレオタイプでもあったgeishaという語は現在でもなお使用されているのだろうか。もし使用されているとするならば、それは何を示すために、そしてどのような文脈で用いられているのだろうか。

本章では二〇一七年の段階で『ル・フィガロ』におけるgeishaの用法を考察するため、オンライン版『ル・フィガロ』の記事検索を用いて調査をおこなった。以下では、新聞により政治色が明確に分化する傾向のあるフランス社会の世論形成において、この言葉がどのように使用されているのかを明らかにしたい。

筆者が検索したところ、geishaが使用された記事は一四件みつかったが、そのうち五つの記事は、購読契約をしている読者にのみ限定された記事であり、フランス社会のより一般的世論を形成するだろう、誰もがアクセスできる情報に限定するため今回は調査の対象外とした。残り九件の記事の内訳を確認してみると、映画、舞台の登場人物として取り上げられている記事が二件（三月二三日、五月一一日）、芸者そのもの[1]について取り上げられている記事が二件、芸者の化粧テクニックについて取り上げられている記事が一件（二〇一七年九月七日）含まれていた。

geishaという語が芸者の特徴を指している記事はそのうち三件である。そのなかの二件では、フランスでセクシュアルな目的で使用される道具の商品名（boules de Geisha）として使用されている（『ル・フィガロ』二〇一七年一月二六日、二〇一七年二月一四日)。このネーミングからも、geisha という語が官能性を喚起することが、フランスでは「あたりまえ」のこととして受容されていると推測できる。また別の記事では、「二〇一七年で一番注目されたヘアスタイル」の特集として、「(女優である)ヘイリー・ボールドウィンのベール付きの芸者シニョン」(『ル・フィガロ』二〇一七年一二月二六日号)という表現が認められ、それが geisha の髪型を彷彿させるものとして使用されていた。

他方で「geisha＝日本女性」として使用されている記事も存在している。ファッションスタイルを紹介する記事(オンライン版『ル・フィガロ』二〇一七年一〇月二日)では、「東京ファッションウィークの突飛なストリート」というタイトルのもとで、「私たちは、制限なく東京っ子スタイルを採用する勇気があるか」と記すことで、ここで紹介されている東京のストリートファッションが、フランスの規範からは外れたスタイルとして評されている。そこでは、「突飛」なメイクや髪型を施し、また、ハリネズミのように多数の棒を肩につけた服を身にまとった一人の女性の写真が取り上げられている。そして、この写真に付与されたキャプション――「どんな蛆虫がこの geisha を刺すのか」[12]――のなかに、geisha という語が使用されているのである。もちろんここで衣服を着用し掲載されている女性は、いかにも芸者というような恰好をしているわけではない。ここでは、「奇妙である」とみなされる格好をした日本人女性を「ゲイシャ＝日本女性」として指呼しているのである。すなわち geisha とはまったく関係のない女性でも、日本人であれば geisha という言葉が使われる場合もあるのではないか。

ともあれ日本のポピュラーカルチャーの一つである(ストリート)ファッションを提示する際にも、「日本人女性」という言葉の代わりに、伝統的に日本女性へ直結するイメージをもつ語として geisha という言葉が使用され続けて

[11] 一九世紀のパリ万博の際に初めて日本からパリに訪れた芸者(『ル・フィガロ』二〇一七年一〇月三一日)、現代の城崎温泉の芸者(『ル・フィガロ』二〇一七年六月一七日)についてのものなど。

[12] http://madame.lefigaro.fr/style/le-style-sans-limite-des-tokyoites-tokyo-photos-fashion-week-201017-134884#diaporama-1434144_11(最終確認日：二〇一八年二月六日)

いる。このように、数は少ないにせよ、前回の調査時と同様、二〇一七年の時点でも、①「芸者」、②「日本女性」、③「芸者の特徴」（ここでは官能性、髪型）という意味を有するペレグリニスムとして geisha という語は使用され、それによって、フランス人にとっての還元的な百科事典的知識がさらに強化されていたといえよう。

## 第五節　結びにかえて――越境的な概念としての geisha が生み出し続けるものとは何か

本章で考察してきたように、伝統的に使われ続けてきた geisha という語は、現代ポピュラーカルチャーに属する日本の奇抜なストリートファッションを着用する日本女性をも指し示していた。この事実からも理解されるように、現代のフランス世論における geisha という言葉は「芸者」そのものを指すだけではなく、「日本」や「日本女性」などの意味をもち、日本に関係しようがしまいが、還元的に使用され続けている。前節で提示したストリートファッションを身につけた女性についていえば、記事において「半分 geisha で、半分ＳＭヤマアラシのこの女性にとっての成功した賭け」とも表現されている。このように「日本女性」や「日本」を指示する際の geisha という語の使用は、後続する表現である「ＳＭヤマアラシ」と重なり、さらに、他者に対する軽蔑や嘲笑を読者に喚起させることで、そのテクストに引き込む（Charaudeau 2006 : 37, 39）ための仕掛けとして解釈しうるだろう。

付言しておくと、フランス世論において geisha が還元的なペレグリニスムとして使用されるだけではなく、それらをさらに日本側から強化するかのような動向もある。パリの「ジャパン・エキスポ」では二〇一〇年以来、日本の伝統文化を紹介する伝統・地域文化パビリオンとして「WABI SABI」[13]が設置されているが、たとえば二〇一四年には、本物の舞妓が登場して京都のプロモーションをおこなったり[14]、あるいは、日本人女性が肌を露出するなどして、着物らしきものを着て踊るパフォーマンス（それは通常、着物を着用する際には考えられないようなスタイルだといえる）を提案したりもしている。[15]さらに、フランスで人気の日本のアイドルグループの衣装にも、着物や geisha を彷彿とさせるものが認められる。[16] このように日本人のイメージ（特に外見や衣服など）をめぐって、フランス人や外国人がもつ geisha イメージを積極的に活用し、フランスという他者の視線を取り込むかたちで成立する自己表象が確認されるのである。

このように他者によって、あるいは他者の視線を内在化させることによって geisha 像を再生産することは、エドワード・サイードが論及した「オリエンタリズム」的行為なのであろうか。本章の結論にかえて、この問題をさらに検討するために、フランスの事例ではないが、ファッション雑誌アメリカ版『ヴォーグ（*VOGUE*）』の記事を事例として考察を展開してみたい。

ファッションモデルであるカーリー・クロスは二〇一七年三月号のアメリカ版『ヴォーグ』において、ダイバーシティ特集号の一環として、geisha を彷彿とさせる姿をして登場している。そしてその後に、自身の Instagram で「これらのイメージは私自身のものではない文化を占有している。本当に文化的にデリケートな撮影に参加してごめんなさい。私の目指すものは、常に、そしてこれからも女性に権限を与え鼓舞すること。私の今後の撮影やプロジェクトがミッションを反映していることを保証するわ」と述べている。[17]

---

[13] http://www.japanpromotion.org/wabisabi/（最終確認日：二〇一八年二月六日）
[14] https://www.youtube.com/watch?v=3YaPv_Il2D0（最終確認日：二〇一八年二月六日）
[15] http://www.japanpromotion.org/event/japanexpo-wabisabi2016-application/（最終確認日：二〇一八年二月六日）
[16] たとえば二〇一〇年のジャパン・エキスポでのモーニング娘。の衣装や、きゃりーぱみゅぱみゅの二〇一三年発売の『にんじゃりばんばん』のビデオでも geisha を彷彿させる衣装を着用していたなどの事例がみられる〈https://www.youtube.com/watch?v=rWOJ8Dd7V-c、最終確認日：二〇一八年二月六日〉、〈https://www.youtube.com/watch?v=4SHJBNAhFsU、最終確認日：二〇一八年二月六日〉。
[17] http://people.com/style/karlie-kloss-geisha-yellowface-for-vogue-apology/（最終確認日：二〇一八年二月六日）
[18] https://www.vogue.com/article/naomi-watanabe-fashion-punyus-designer-beyonce-japan（最終確認日：二〇一八年二月六日）

「西洋人」モデルである彼女がgeishaの恰好をしたことで、それはするべきことではなかったと謝るという行為はいったい何を意味するのであろうか。たとえば、同じアメリカ版『ヴォーグ』において、日本のタレント渡辺直美が「日本のビヨンセ、サイズ主義の解体、ファッションアイコンになる」[18]と紹介された記事がある。これを比較の対象として勘案してみた場合、なぜ、日本人女性が海外で人気のスターを模倣することは許されて、なぜ、「西洋人」モデルがgeishaをまねると陳謝しないとならないのか。その姿勢の背景には、日本にとって、西洋が絶対的に追いつくべき存在であり、いまだ近代西洋主義的視点による西洋と東洋の力の不均衡が「あたりまえ」に社会に存在している、と考えられるのではないか。「西洋人」モデルがgeishaを模倣することも、また、その模倣に対して謝罪することも、その前提として、geishaを劣位なものとして捉えている姿勢を暗黙裡に強化しているといえるのではないか。カイザーが「「人種」と民族は、身体をスタイリング－ファッショニング－ドレッシング（衣服を身につける）する日常に関わるようになった。そして、さらにまた、複雑なやり方でジェンダー、階層といった他者の位置と交差するようになる」（Kaiser 2012）と指摘するように、「人種」、「民族」といった要素がファッションスタイルとして取り入られるなかで、さまざまな立ち位置によってジェンダーをめぐるある種の「優劣」の問題が強調されたり、無視、軽視されたり、そして隠蔽ないし露出されたりすることがある。

日本女性像として初めて西洋へ越境したイメージの一つ、すなわちgeishaという語は、そのような不均衡ともいえる優劣関係を内包しながら、約一三〇年以上の時を経てさまざまに社会が変化した今日でさえも、その意味を変えることなく存在し、むしろ強化され続けてさえいるのである。

### ◉引用・参考文献

小川さくえ（二〇〇七）『オリエンタリズムとジェンダー――「蝶々夫人」の系譜』法政大学出版局
高馬京子（二〇〇六）「日本とフランスにおける日本人ファッションデザイナーの表象――日仏新聞記事（一九八一－一九九二）の言説分

析を通して」大阪大学言語文化研究科博士論文
馬渕明子（二〇一七）『舞台の上のジャポニスム――演じられた幻想の〈日本女性〉』ＮＨＫ出版

Amossy, R.（1991）. *Les idées reçues: Sémiologie du stéréotype.* Paris: Nathan.

Amossy, R., & Herschberg-Pierrot, A.（2000）. *Stéréotypes et clichés: Langue, discours, société.* Paris: Nathan.

Beillevaire, P.（1994）.《L'autre de l'autre》. Contribution à l'histoire des représentations de la femme japonaise. *Mots. Les Langages du Politique, 41,* 56–98.

Charaudeau, P.（2006）. Des catégories pour l'Humour? *Questions de communication, 10,* 19–41.

Charaudeau, P., & Maingueneau, D（Eds.）（2002）. *Dictionnaire d'analyse du discours.* Paris: Seuil.

Dubois, J., Giacomo, M., Guespin, L., Marcellesi, C., Marcellesi, J.-P., & Mével, J.-P.（2001）. *Dictionnaire de linguistique.* Paris: Larousse.

Garrigue, A.（2000）. *Japonaises, la révolution douce.* Paris: P. Picquier.

Guilbert, L.（1973）. Théorie du néologisme. *Cahiers de L'AIEF, 25,* 9–29.

Honoré, J.-P.（1994）. De la nippophilie à la nippohobie. Les stéréotypes versatiles dans la vulgate de presse（1980–1993）. *Mots. Les Langages du Politique, 41,* 9–55 .

Kaiser, S.（2012）. *Fashion and cultural studies.* London; NewYork: Berg.

Koma, K.（2009）. Evolution of the traditionally stereotypical term Geisha in contemporary french newspapers. *Regioninės Studijos, 3,* 33–46.

Koma, K.（2014）. L'identité de la femme japonaise à travers la mode dans la presse française au début des XXe et XXIe siècles. M. Andro-Ueda, & J.-M. Butel（sous la dir. de）*Histoires d'amour: Quelques modalités de relation à l'autre au Japon. Actes du neuvième colloque de la Société française des études japonaises.* Arles: P. Picquier, pp.177–185.

Leroy, S.（2006）. *Glasnost* et *perestroïka.* Les pérégrinations de deux russismes dans la presse française. *Mots. Les Langages du Politique, 82.*〈http://mots.revues.org/index17253.html（最終確認日：二〇一八年六月一三日）〉

Loti, P.（1990）. *Madame Chrysanthème.* Paris: Flammarion.

Maingueneau, D.（2016）. *Analyser les textes de communication.* Paris: Armand Colin.

Pons, P., & Souyri, P.-F.（2002）. *Le Japon des japonais.* Paris: Seuil.

Rambon, J.-M.（2001）. La Fabrique du type local dans *Le Monde, Libération* et *Télérama*: Le cas Lyonnais（1980–1990）. In Colloque d'Albi

Langages et signification, *Le stéréotype: Usages, formes et stratégies.* Toulouse: CALS-CPST, pp.193–205.

# 第二章　アジアを目指す日本ファッション

## トランスナショナルなメディアとファッション

大山真司

### 第一節　はじめに

本章は、日本メディアのトランスナショナルな流通と、それが形成したファッション文化を背景にして起こっている日本ファッション業界のアジア進出について考察していく。ファッションは日本のクリエイティブ産業政策であるクールジャパンのなかでも重視され、そのアジアを中心にした国外進出に注目が集まっている。そこでは多くの場合、日本ファッションや日本ブランドがもつとされる「日本らしさ」の生産・流通・消費に注目が集まることになる。私はこうした日本ファッションの海外進出について、国家を単位としたナショナルな視点でのみ捉えることに懐疑的である。日本ファッションのアジア進出は、トランスナショナル化するメディア、文化、企業活動との関係のなかでしか理解できないような、ナショナルな枠組みを越えた複雑なプロセスをもっている。本章では、特に日本で根強いナショナル・ブランドとナショナル・ファッションへのこだわりを、人類学者のアパデュライがいう「生産フェティシズム」として捉えてみたい。

生産フェティシズム［とは］現代のトランスナショナルな生産立地が創出する幻想である。この幻想は、トランスローカルな資本、トランスナショナルな賃金フロー、グローバル化経営、そしてときに［…］出稼ぎ労働者を、ローカルな管理やナショナルな生産性、領土主権という慣用的な語彙と光景の中に包み隠すのである。多様な自由貿易地域が生産一般のモデルに［…］なるに応じて、生産それ自体がフェティッシュとなり、それによって社会関係そのものではなく、トランスナショナルな傾向を強めつつある生産関係が覆い隠された。ローカリティは、［…］生産プロセスを現に駆動しているグローバルに拡散した力を包み隠すフェティッシュになっている。（アパデュライ 二〇〇四）

本章で扱う事例に関していえば、日本ファッション・日本ブランドという概念が覆い隠すのはトランスナショナル化するメディア、文化、ファッション生産の実態の間の複雑な関係性であり、それが単純化されたナショナルなクールジャパン、ソフトパワーに関する言説を強めているようにみえる。以下ではこうしたフェティシズムの構造を明らかにするため、国境を越えるファッションの流れを追い、その複雑で矛盾に満ちた様相を分析することで、たとえばクールジャパンのように、日本ファッションのグローバル化をナショナルなフレームワークによってのみ捉えようとする考え方の限界について検討してみたい。

## 第二節　内向きな日本ファッション

日本は世界的なファッションの中心地の一つとしての名声を獲得している。一九八〇年代には、川久保玲（コムデギャルソン）、三宅一生（ISSEY MIYAKE）や山本耀司（ヨウジヤマモト）などの一世を風靡するデザイナーを輩出し[1]、さらに一九九〇年以降は原宿スタイルのような個性的な若者ファッションが世界的に注目を浴びるようになった（Kawamura 2004; 2012, English 2011）。しかしそうした世界的名声とは対照的に、日本のファッション業界は概して内向きで、海外市場に目を向けてこなかった。

　日本の主要企業の二〇一五年度の海外売上比率は五八・三%である。[2]しかし経済産業省（以下、経産省）がクールジャパンの一環としてとりまとめたファッション市場調査（経済産業省 二〇一四）によれば、日本のアパレル企業大手のうち海外売上比率が二〇%を超えているのはファーストリテイリングだけである。その他のしまむら、ワールド、オンワードなどの海外売上は極めて小さい。一八兆円のファッション市場は徐々に縮小しており、多くのアパレル企業はようやく海外進出に向けた取り組みを始めている。前述の経産省の報告によれば、アパレル企業の最大のチャンスはアジア市場に存在する。二〇一三年から二〇二〇年までの間に中国と中華圏の市場は一〇〇%以上成長して五〇兆円から一三〇兆円になると予測されている。東南アジアも一〇〇%以上成長して四兆から八兆円。アメリカ市場も一〇兆円以上成長して五三兆円から六三兆円。セグメントに関していえばラグジュアリー、ミドルとローはそれぞれ一三兆円、六五兆円、四〇兆円成長する。ラグジュアリーはLVMHグループなどの欧米を拠点とするブランド企業、低価格市場は価格競争力のあるローカル企業の独壇場で、日本企業にチャンスはない。したがって報告の結論は、アジアの中価格市場が最も重要な市場である、というものである。

## 第三節　東アジアのメディアスケープ

　前述の経産省の市場調査は直接的には触れていないが、アジアが最も有望な市場であるという結論には文化的な側

[1] たとえば二〇一〇年にロンドンのバービカン美術館で開催された'Future beauty: 30 years of Japanese fashion'はこの三人のデザイナーを主に取り上げた。また、ロンドンのヴィクトリア&アルバート美術館で二〇一一年にヨウジヤマモトを、ニューヨーク近代美術館（MOMA）は二〇一七年にコムデギャルソンの川久保玲を取り上げる展示会を開催した。
[2] https://www.nikkei.com/article/DGXLASDZ09HWM_Z00C16A8TI1000/（最終確認日：二〇一八年五月一四日）

面もある。日本のメディアはアジアにおいて長い期間強い影響力をもってきた。そしてファッションに関していえば、過去数十年にわたってアジア全域に大量に流通してきた日本のファッション雑誌が果たした役割は極めて大きい。そうした雑誌は、日本のファッションに関する大量の情報と知識を伝え、アジア地域のスタイルや感性に影響を与え、そして日本ファッションに対して好意をもった若者を何世代にもわたって生み出す、アジアの地域メディアとして機能してきたのである。

たとえば石井（二〇〇一）によれば、一九九五年に台湾の書店における調査で、日本から輸入されていた女性誌『non-no』は、欧米誌の輸入版や現地版、ローカル誌などをおさえて最も人気のあるファッション誌だった。一九九〇年後半から大手出版社は香港、台湾、中国、韓国そしていくつかの東南アジア市場でライセンス契約を通じた現地版の出版を始める。たとえば二〇一六年には講談社の女性ファッション誌である『ＶｉＶｉ』の日本での部数は三五万部であったが、中国では一〇〇万部、そして台湾でも一一万部を販売した。講談社は香港と台湾でも『ｗｉｔｈ』や『ＶｏＣＥ』のような雑誌のライセンス契約を結んでいる。大手の書店ではいまだに日本版のオリジナルも販売されているが、現地ライセンス版であってもコンテンツの六五％－九〇％は日本版のコンテンツをそのまま翻訳して使いまわしており、広告から記事に至るまで、日本のファッション情報で埋め尽くされている[3]。

数十年にもわたるこうしたほぼ一方的なメディアの流れは、東アジア特有のファッション文化とファッションブランドの生態系を生み出した。アジアが日本のファッション業界にとって理想的な市場であるのは、こうしたトランスナショナルなメディア状況と密接に関連している。ここで重要な点となるのは、そうしたファッション誌が、日本ファッションだけを取り上げているわけではないという、単純だがあまり指摘されない事実だ。紙面に登場するのは流行のファッションであり、そして多くの場合、広告を出稿してくれる広告主の商品が中心になる。したがって日本での根強い欧米ファッション人気を反映して扱われるファッションは多種多様なものになっているのである。つまり雑誌は日本のブランド情報を伝えるアジアの地域メディアになっているが、ここに登場するのは日本ファッションと欧米ファッションを組み合わせた日本市場で存在感のあるファッション、すなわち東京のスタイルなのである。かつてX-GIRLという東京のストリートブランドのディストリビューターをしていた二〇代のシンガポール人女性は、筆者のインタビューに対して次のように語っている。

私は昔からファッションに興味があったからアメリカやイギリスの雑誌を読んでいたんだけど、それから日本の雑誌に出会ったの。私も友達もだれも日本語は読めなかったけど、それはどうでもよかった。とにかくモデル！凄く親しみやすかった。私は中国系だからどうやってもアメリカ人のブロンドのモデルにはなれない。でもそれだけじゃない。とにかく押し付けがましいところがなかった。英語のホットとかセクシーとは違うけど、カワイイだけではないわね。とにかくみんな楽しそうで、とても親近感があった。モデルはみんなX-GIRLを着てた。それが私がブランドを知ったきっかけ。基本的にモデルたちが着てた洋服は、全部買った（二〇一六年六月のインタビューより）。

ここで興味深いのは、そもそもX-GIRLはアメリカ東海岸発祥のブランドだが、日本のアパレル企業に買収されたのちに、日本のファッション雑誌の流通に助けられてアジアで流行したという事実だ。ここに私がいうトランスナショナルメディアがファッションの生産、流通と消費に与える影響が凝縮されている。もちろん過去十数年間には、インターネットの普及によってこうした雑誌に掲載される画像や情報の共有は増加し、そのスピードも加速している。加えてアジアでは（一時の勢いはないにせよ）日本のテレビ、音楽、そして映画なども長く消費されてきており、雑誌もそうしたメディア環境の一部として消費されてきた（博報堂アジア生活者研究プロジェクト二〇〇二）。以下ではこ

［3］日本雑誌のアジアへの越境に関しては、玉川（二〇一二）、吉田（二〇〇九）を参照。

うした特徴をもつ東アジアのトランスナショナルなメディア状況とファッション文化を背景として、さまざまなアパレル企業が採用している複数のアジア進出戦略を検討していきたい。

## 第四節　ファッションをめぐる「クールジャパン」戦略

グローバル化を進める日本のアパレル企業のなかで最も野心的なのは、ユニクロブランドを運営するファーストリテイリング社（以下、ＦＲ社）である。ＦＲ社は売上一・七兆円を超える日本最大のアパレル企業で、グローバルにみてＺＡＲＡとＨ&Ｍに次ぐ三位につけている。二〇一一年に同社はグローバル市場で圧倒的な存在感を確立し、アジア最大のブランドになること、二〇二〇年に売上五兆円を達成することを目標として打ち出した。同社のユニクロは中華圏で三〇〇〇億円を超える売上をあげており、それは海外売上の五〇％を占めている。成長率は四六％であり、国内市場の成長率の九％を大きく上回っている。ユニクロは参入したほぼすべての国における広告やプロモーションのなかで、日本語のロゴの使用や日本の有名人の起用などを通じて、日本のイメージを積極的に訴求している。最近では日本のマンガのキャラクターを使った洋服、さらにはグローバル・キャンペーンでの日本の有名人の使用などもおこなっている。これは日本文化を連想させる記号を広告宣伝から排除してきた日本企業としては極めて異例のことである（岩渕 二〇〇一）。日本ブランドを持ち込み、「日本らしさ」を強調するＦＲ社に代表されるアジア進出戦略は、「クールジャパン」に想定されている通りの形態である。[4]

クールジャパンはまさにこうした形態での進出を想定し、支援している。経産省は、「日本のライフスタイルと文化を象徴し、海外市場で日本のナショナルブランドに貢献する」という五つの重点エリアの一つとしてファッションを位置づけ、クールジャパンファンド（ＣＪＦ）と呼ばれる、五〇〇億円規模の半官半民ファンドを通じてアパレル企業に投資をおこなっている。二〇一七年一月の時点で二一〇億円がファッションに投資され、そのうち一一〇億円が阪急阪神百貨店を運営するH２Oリテイリングに投じられている。同社は中国の中規模都市である寧波市に日本のブランドのみを扱うデパートを出店する予定である。さらに三越伊勢丹ホールディングスも一〇〇億円を受け入れ、クアラルンプールの伊勢丹百貨店を、日本をテーマにした商業施設（ISETAN The Japan Store Kuala Lumpur）として改装し、二〇一六年一〇月に新規開店させた。この施設は「日本の歴史や文化、テクノロジー、多様性、暮らしの様式まで「本物の日本」を海外に届ける」というコンセプトを掲げ、全六層のフロア構成全体に日本発の商品を展開している。そのなかには、約二〇〇を超えるマレーシア初進出ブランドが含まれており、アンダーカバー、カラー、ミュベールなどの新進気鋭の日本ファッションブランドも出店している。店内の各エリアは「雅」、「粋」、「織」、「素」と呼ばれるほどの徹底ぶりである。[5]同様のコンセプトを掲げる店舗はほかにも企画されているが、これはCJFによれば、「クールジャパンコンテンツ」を届けるためのプラットフォーム（流通機能）支援として位置づけられている。[6]

［4］ユニクロは国内では圧倒的な存在であり、その海外進出の成功も競合を圧倒している。売上比率や規模では無印良品のみが近いかもしれない。無印良品の売上三〇〇〇億円の三分の一が海外市場での売上であるが、東アジア市場はそのうち八三〇億円程度を占めており、また国内市場の八・六%を大きく上回る四七%の成長率を誇っている。

［5］http://fashionmarketingjournal.com/2016/09/isetanthejapanstore-kualalumpur.html（最終確認日：二〇一八年五月一四日）

［6］しかし世界には、原産国によってデザイナーやブランドを限定して成功しているアパレルの大規模小売業者は存在しない。デパートという業態はもちろん、パリのコレットや、ニューヨークのジェフリー、日本のビームスのような世界的に有名な小売業者の多くはセレクトショップであり、スタイルやライフスタイルによって商品構成を展開するのが通常である。CJFの投資方針によって、小売業者は必然的にこうした「日本縛り」を余儀なくされ、そこにはたとえばY３、オニツカタイガー、アシックスという日本ブランドではあるけれども、価格帯もスタイルも異なるスニーカーを同じスペースで扱うような不自然さがある。こうした特殊な国策ファンドの介入なしに、ビジネスとして維持可能であるとは思えない。

## 第五節　ライセンス契約による欧米ブランドの流入

日本企業が採用するアジア戦略の二つ目は、ライセンスあるいは買収を通じた欧米ブランドのグローバルあるいはアジア展開である。この分析は、クールジャパンが描くようなナショナルな理解とは異なるトランスナショナルなファッションビジネスの様相を明らかにするだろう。

ライセンスビジネスは、世界最大規模である日本のファッション市場の成長・成熟にとって、極めて重要な役割を果たした。高度経済成長期の欧米ファッションへの旺盛な需要を背景に、ブランドライセンスは一九六〇年以降に最盛期を迎えていく（大熊 二〇一四）。「イヴ・サンローランのトイレスリッパ」が嘲笑の対象となったように、欧米ブランドのロゴの入った傘、ハンカチなどの服飾雑貨、比較的安価なライセンスの洋服など、日本の典型的なデパートはライセンス契約による商品で溢れることになったのである。

こうした状況のなかで、日本のアパレル企業は既存の世界観やデザインをてっとり早く借用することに依存し、それによって独自のブランドを開発し、そのプロセスから学ぶことを自ら妨げてきたのである（伊丹・伊丹研究室 二〇〇一）。プラザ合意後の円急騰によって、日本の消費者にとってもライセンスではなく本物の（インポート）欧米ファッションに手が届くようになった。さらに一九九〇年代以降、IT技術の爆発的な進歩によって、LVMH[7]のようなグローバルなブランド企業が世界中でブランドを直接管理することが可能になった。また、インターネットはメディア環境を激変させ、消費者は世界中の情報にアクセスが可能になった。そのような状況において、グローバルブランドは世界中で統一したアイデンティティとイメージを維持することが必要になった。さらに中国市場の急成長によって日本の相対的な重要性が下がり、欧米ブランドがグローバルな標準化の例外として、日本のライセンスビジネスを特別扱いすることが難しくなってきた。

その結果として、二〇〇〇年前後からライセンスビジネスは徐々に直接経営に取って代わられている。一九九八年にＬＶＭＨはクリスチャン・ディオールを買収したが、その後すぐに三三年間続いていたカネボウとのライセンス契約を一方的に解消した。同様の事態はグッチ社に買収されたイヴ・サンローラン（二〇〇〇年）とＬＶＭＨに取得されたフェンディ（二〇〇二年）にも起こり、日本のラグジュアリーセクターにおけるライセンスの時代が終わりつつあることを告げた。[8]大きなメディアの注目を集めたのは、バーバリーのライセンス終了だ。三陽商会は一九七〇年以来五〇年間にわたってバーバリーのライセンスビジネスを展開し、バーバリー関連のビジネスは同社の売上約一〇〇〇億円の半分を占めていた。しかし二〇一五年にバーバリーはそのライセンス契約を打ち切り、フラッグシップ店とオンラインを中心にした直接経営へと移行したのである。三陽商会は極めて深刻な経営不振に陥り、従業員の二〇％を削減するリストラなどをおこなっている。これらの一連の出来事は、ライセンスビジネスが抱える根本的なリスクを明らかにしたといえよう。

こうしたリスクに対応するために、日本のアパレル企業にはライセンス元の企業やブランドを買収したり、日本だけでなくアジアを含めた地域ライセンス契約を目指したりする企業が出現した。[9]三大商社の一つで売上五兆円五千億円を超える総合商社伊藤忠の一部門である繊維カンパニー（売上六六七〇億円規模）は、ファッション関連ビジネスを長く手がけ、インポート、ライセンス、買収などを組み合わせたブランドポートフォリオを有している。[10]そして従来では国内のみであったブランドビジネスの、アジア市場を中心としたグローバル化を進めている。以下では、ポー

［7］モエ・ヘネシー・ルイ・ヴィトン（ＬＶＭＨ）はフランスに本社をもつ高級ブランドの世界最大手。ルイ・ヴィトン、クリスチャン・ディオールなど六〇以上のブランドを抱え、売上高（二〇一六年一二月期）は三七六億ユーロ（約五兆円）。

［8］中価格帯でもアニエスベーはサザビーとの契約を打ち切り、ラルフローレンもオンワード樫山と別れた。アディダスは二八年間に及ぶデサントとの契約を終了させ、自社売上の六〇％を占めていた売上を失うことになる。

［9］http://www.sankei.com/west/news/140709/wst1407090098-n1.html（最終確認日：二〇一八年五月一四日）

［10］たとえばラグジュアリー部門ではアルマーニやミラ・ショーン、ヴィヴィアン・ウェストウッドやランバン、スポーツではアウトドアプロダクトやハンティングワールド、そしてカジュアルではコンバースやレスポートサックといったブランドを扱っている。

ルスミスとの関係を検討してみたい。

日本でのポールスミスの歴史は、デザイナー本人がスーツケースに洋服を詰めて百貨店に売り込みに来日した一九八二年と、伊藤忠がマスターライセンサーになった一九八四年に遡る。ポールスミスは特に日本で人気のあるブランドであり、七〇〇億円程度の売上の三分の二が日本市場からのものとなる。日本には二〇〇を超える店舗があり、イギリスの一八店舗と比べても桁外れに多い。こうしたポールスミスの人気は独自のライセンス商品を開発してきた伊藤忠の尽力が大きいと考えられてきたものの、二〇一〇年にライセンス契約更新を迎え、四〇〇億円を超えるビジネスが失われる危険性があった。こうしたリスクを回避するため、伊藤忠はＬＶＭＨなどとの競争を制して二〇〇五年にポールスミスの株式四〇％程度を取得した。これによって伊藤忠にとっては長期的戦略立案が可能になったが、その戦略の中心は日本独自企画・製造のライセンス商品を活用したアジア進出である。韓国には二〇一〇年オープンのフラッグシップストアを含めた一四店舗を展開した。また、台湾には六店舗、香港には七店舗をオープンしている。さらに以前、ポールスミスが独自で参入して撤退した中国にも再参入している。伊藤忠はこのほかにもレスポートサック、ミラ・ショーンなどの欧米ブランドを買収したり、アウトドアスポーツなどのブランドの地域ライセンスを取得している。こうしたブランドビジネスはメディアで報じられるようになり、ほかの商社でも同様に、買収した欧米ブランドを活用したアジア進出に力を入れている。

## 第六節　日本企業のアジア進出

三つ目のタイプのアジア戦略は、アジア企業が日本のファッションブランドを買収したり、ライセンスを通じてアジアに持ち込むというものである。以下では、先ほど取り上げたX-GIRLとA Bathing Ape（以下、ＢＡＰＥ）の事例を取り上げておきたい。

X-GIRL はソニック・ユース（伝説的なアメリカのオルタナティブバンド）のベーシストであるキム・ゴードンが立ち上げたストリート系のファッションブランドである。キムはこのブランドについて「本当に自分たちで着る服が作りたかったの。だからほとんどのものはたとえば着心地のいいTシャツやパンツとかのアイデアを形にしたものよ。古着屋で見つけた服にちょっと手を加えた感じ」と語っている。[11] 当初から最も有望な市場であった日本では、東京のアパレル会社ビーズ・インターナショナル社と独占ライセンス契約を結び、X-GIRL は瞬く間に日本市場で成長することになる。キム・ゴードンはその後、改めてブランドに割く時間がないと感じ始め、商標権をビーズ社に売却している。当初はアメリカとのつながりがなくなることを心配する声が強かったものの、その後の成長によって懸念は払拭されている。実際、X-GIRL は買収後に大ヒットとなったスキニージーンズなどのヒット商品を生み出し、一九九〇年代に日本、さらに東アジアでも盛り上がりつつあった裏原宿系の中核的存在となっていく。

裏原宿系は文字通り、原宿の裏通りから発生したストリートカルチャー全般に関わる流行で、デザイナーの多くは元美容師やＤＪなど、正式なファッション教育を受けていない若者が中心であった（南谷・井伊 二〇〇四）。なかでも最も成功したのは、スタイリスト、ライター、ＤＪなどを経て一九九三年にＢＡＰＥを立ち上げたＮＩＧＯである。ＢＡＰＥは、特徴的な猿のイラストのはいったスウェットシャツ、Ｔシャツ、バギーパンツやスニーカーを中心にした品揃えで、限定品や他ブランドとのコラボなどの手法を生み出し、一時は原宿、香港のショップの行列が社会現象になるほどのカルト的人気を集めた。海外でも評価を受け、アメリカの著名アーティストであるファレル・ウィリアムスのアパレルブランド Billionaire Boys Club とデザイナー契約を結んだことや、ペプシコーラやルイ・ヴィトンなどの有名ブランドとのコラボが話題になった。同時に、アジアでも裏原宿系ファッションはブームを呼び、ＢＡＰＥストアもオープンし、また、裏原宿系ファッションや有名人を特集した日本や現地の雑誌も熱心に読まれた。

[11] https://www.beastiemania.com/whois/gordon_kim/（最終確認日：二〇一八年九月三日）

両ブランドの香港、中国進出を手がけたのは、I.T. Apparels（以下、IT社）という香港の上場アパレル企業だが、同社はトレンドをリードするセレクトショップを香港と中国本土で運営し、欧米、日本ブランドとオリジナルブランドを扱っている。[12] また、日本ブランドの路面店の導入なども手がけており、独力ではアジア進出が難しい小規模な日本ファッションブランドの香港・中国への導入に先駆的な役割を果たしてきた。X-GIRL はIT社との関係を通じて一九九〇年代から二〇〇〇年代半ばにかけて香港、マカオに路面店を出店し、現在でも香港、マカオの i.t. store 七店舗で販売されている。またIT社はBAPEを取り扱い始めたときから、BAPEの香港・中国における代理店であり、二〇一一年には北京の大規模な I. T Beijing Market と呼ばれる店舗の一フロアにBAPEブティックをオープンしている。IT社はこうして日本ブランドとの関係を深めてきたが、二〇一一年にBAPEの買収を発表し、ファッション界を驚かせた。すでにBAPEは全盛期の勢いを失っていたが、それでも一九九〇年代の東京ストリートカルチャー黄金期を象徴するブランドだっただけに、それは衝撃的なニュースとして国内外のファッション関係者に受け止められた。IT社のCEOであるシャム・カーワイはこの買収によって、グループのブランドポートフォリオを拡充し、現在でもなお拡大を続けている中国の「ストリートファッション市場」でのシェア拡大を目指していると述べている。

IT社以外にもアジア企業による日本のアパレル企業の買収は相次いでいる。二〇一三年には中国の靴小売最大手の百麗国際（ベル・インターナショナル）が、マウジー、スライなどの女性用ブランドを手がけ、売上六〇〇億円をあげる日本のアパレル企業、バロックジャパンの筆頭株主になっている。そして同社はベル社の出資後、中国本土で合弁会社を設立し、二〇一六年までに中国で一三六店舗をオープンするなど、爆発的な勢いで出店をおこなっている。[13] さらに二〇一五年には、同社のライバル的な存在であり、マーキュリーデュオ、ムルーア、エモダなどを展開するマークスタイラー社の全株式を、中国系投資ファンド、シティック・キャピタル・パートナーズ（CITIC Capital Partners）が取得している。いうまでもなく、この買収の狙いも日本ブランドの中国市場における展開にある。両社は海外でも注目を集めていた大規模なファッションイベントである東京ガールズコレクション（TGC）が発信してきた新しいガールズ系文化の代表的存在だった。TGCは日本のポピュラー文化を象徴するコンテンツとして、文化庁などからクールジャパン関連の支援を受けている。こうしてみると一九九〇年代の裏原宿系ストリートカルチャーと二〇〇〇年代のガールズ系文化を象徴するブランドがそれぞれ中国資本の参加でアジア進出を進めているという、一筋縄ではいかないトランスナショナルな構図がみえてくる。

## 第七節　結びにかえて

本章での検討を通じて明らかになったように、私が「生産フェティシズム」と呼ぶ日本ブランドや日本ファッションを単位としたナショナルな枠組みでは、こうしたトランスナショナルな傾向を強めるメディア状況のなかで発生しつつある文化・経済の性質や関係性はなかなか把握できない。アパデュライ（二〇〇四）が指摘するように、こうした生産フェティシズムは、トランスローカルな資本の流れ、トランスナショナルは収益の流れ、グローバルな経営、

［12］たとえば高価格帯のI.T Storesはアレクサンダー・マックイーンやMiu Miuなどの欧米ブランド、コムデギャルソンやケンゾー、ヒステリックグラマーからツモリチサトなどの有名日本ブランドに加えて、N.Hollywood、VisVimやTogaなどの新進系のブランドを扱っている。比較的低価格なブランドを扱うi.t. Storeの方はビームスやAs Know As、Earth Music & Ecologyのような比較的安価でカジュアルな日本での人気ブランドを揃えている。

［13］https://note.mu/tosyokainoouzi/n/n34afd7410bd8（最終確認日：二〇一八年五月一四日）

［14］日本企業は欧米ファッションをローカル化したハイブリッドなファッションスタイルだけではなく、こうした欧米ブランドのライセンスや買収を中心にしたブランド経営という点でも、アジアのファッション産業に影響を与えているようにみえる。この数年間でも韓国企業がマンダリナ・ダック（Mandarina Duck）やMCMのような欧米ブランドを買収し、積極的にグローバル市場を開拓している。香港企業はマイケル・コースを買収し、すでに日本の老舗アパレル企業レナウンを買収している山東済寧如意毛紡織はサンドロ（Sandro）、マジェ（Maje）、クローディ・ピエルロ（Claudie Pierlot）のようなフランスブランドを取得した。

トランスナショナルな分業体制などの流れを、ナショナルブランド・ファッションが喚起する甘美な熱狂の背後に後景化しているのである。

ＦＲ社のユニクロが、ナショナルな枠組みで理解しうる非常にわかりやすい事例であり、これからも成功例として参照され続けることは間違いない。しかし忘れてはならないのは、ＦＲ社はセオリー、ヘルムートラングのような欧米ブランドも所有し、必要に応じて保有するブランドを市場に投入しているという事実である。さらにＦＲ社は二〇〇六年に、香港発のアパレル企業で、当時アジアに一七〇〇近い店舗を展開していたジョルダーノ社と買収に関する協議をおこなっている。結局は評価額がまとまらず破談になったものの、もしまとまっていれば、ＦＲ社のグローバル化はジョルダーノ中心となり、現在ユニクロが強調する「日本らしさ」とはまったく違ったものになっていた可能性がある。伊藤忠のポールスミスをはじめとする欧米ブランドを使ったアジア進出、ＢＡＰＥやバロック社のブランドなどのアジア進出の事例は、日本ファッションというカテゴリーが形骸化しつつあることを浮き彫りにしている。またファッション消費は、アメリカらしさや日本らしさの消費といった単純なものではなく、トランスナショナルなメディアや文化との関わりのなかで、たとえばアメリカ生まれのX-GIRLが東京のストリートファッション文化を代表するアイコンになるような複雑な状況を前提として理解する必要があるだろう。

株主の短期的リターンを最大化する企業経営が一般的になるにつれ、ブランドはますます頻繁に、国境を越えて売買されるようになった。ナショナルな文化を象徴するようなブランドを海外企業に売却することに対する反発は、ブランド経営のグローバル化のなかでかき消されている。ファッションブランドはグローバルに取り引きされる企業資産となり、そのグローバルな生産・流通・消費は、そのナショナルな起源との乖離（アパデュライ 二〇〇四）をますます強めている。このような事態は、逆説的ではあるが、文化の起源が意味をもたないポストモダン的状況ではなく、競争が激化する市場のなかで、最もわかりやすい差異の記号として、ブランドに結びつけられたナショナルな起源の価値がますます高まっている状況を反映している。ブランドとは第一義的に地理的な概念なのであり、その社会的、空間的な背景や歴史の刻印から逃れることはできないのである（Pike 2011）。最後に追記すれば、ナショナルな記号への消費者と企業の欲望・需要は東アジアのファッション市場において特に際立っており、それが脱領域化するブランド経営と生産と結合して、アジアにおいて強い生産フェティシズムを生んでいる。[14]そしてこのフェティシズムはローカルブランドの育成より、むしろ歴史的なプレステージとは対照的に資金量も成長性も限られている欧米ブランドに向かい、皮肉にも歴史的に規定されたファッションにおける欧米支配、シンボリックなヒエラルキーを再生産し、地政学的な不平等に挑戦するのではなく増幅させる可能性があるのである。

## ◉引用・参考文献

アパデュライ、A／門田健一［訳］（二〇〇四）『さまよえる近代――グローバル化の文化研究』平凡社（Appadurai, A. (1996). *Modernity at large: Cultural dimensions of globalization.* Minneapolis, MN: University of Minnesota Press.）
石井健一［編著］（二〇〇一）『東アジアの日本大衆文化』蒼蒼社
伊丹敬之・伊丹研究室（二〇〇一）『日本の繊維産業――なぜ、これほど弱くなってしまったのか』ＮＴＴ出版
岩渕功一（二〇〇一）『トランスナショナルジャパン――アジアをつなぐポピュラー文化』岩波書店
大熊美音子（二〇一四）「ラグジュアリー・ファッション・ブランドにおける日本型ライセンスビジネスの研究」『立教ビジネスデザイン研究』一一、二一‐三四
経済産業省（二〇一四）「調査報告書　平成二五年度クールジャパンの芽の発掘・連携促進事業――ファッション業況調査及びクールジャパンのトレンド・セッティングに関する波及効果・波及経路の分析」
玉川　博（二〇一二）「文化輸出としての版権ビジネス――東アジアにおける『Ｒａｙ』と北米における『週刊少年ジャンプ』」吉田則昭・岡田章子［編］『雑誌メディアの文化史――変貌する戦後パラダイム』森話社、二八一‐三一三頁
博報堂アジア生活者研究プロジェクト（二〇〇二）『アジア・マーケティングをここからはじめよう。』ＰＨＰ出版
南谷えり子・井伊あかり（二〇〇四）『ファッション都市論――東京・パリ・ニューヨーク』平凡社

吉田則昭（二〇〇九）「東アジアに越境する日本雑誌」『中韓人文科学研究』二八、三八一–四〇三

English, B. (2011). *Japanese fashion designers: The work and influence of Issey Miyake, Yohji Yamamoto and Rei Kawakubo*. Oxford: New York: Berg.

Kawamura, Y. (2004). *The Japanese revolution in Paris fashion*. Oxford: Berg.

Kawamura, Y. (2012). *Fashioning Japanese subcultures*. London; New York: Berg.

Pike, A. (2011). *Brands and branding geographies*. Cheltenham: Edward Elgar.

# 第三章　東アジアポピュラー文化圏の境界
## 台湾とナガの若者のポピュラーカルチャー消費を事例に

太田　哲

## 第一節　はじめに

本章では、筆者が台湾とインドでおこなった若者の消費に関するフィールドワークをもとに、メディア消費を中心としたポピュラーカルチャーのトランスナショナルな広がりが「文化的近似性」といかに関連しているのかについて考察を展開する。とりわけ、チュア・ベンファット（Chua 2008）による「東アジアポップカルチャー圏（East asia pop culture sphere）」という考えを援用し、東アジア、および東南アジアにおいてポピュラーカルチャーの消費がどのような条件下で実践されているのかについて議論を展開していく。

あるメディア商品が国境を越える要因として「文化的近似性」がしばしば言及されるが、それがトランスナショナルなポピュラーカルチャーの流れを作り出す絶対的な条件であるかというと必ずしもそうではなく、日本をはじめ世界各地におけるアメリカ文化の消費など、文化的類似性があまり強くないにもかかわらず、トランスナショナルな消費がおこなわれている例は数多く存在している。

本章においてはインド北東部に住む少数民族のナガ系諸民族の若者のポピュラーカルチャー実践を観察しながら、

さらに、それを台湾に住む若者のそれと比較することにより、どのような要素が絡み合うことによってトランスナショナルな文化の潮流が形成されていくのかを考えていく。

なお、筆者がインド北東部の少数民族を研究対象として選んだ理由としては、この地域が東南アジアと南アジアの境界に位置すること、そしてこの地域に住む人びとの外見的特徴が、北インドに住むいわゆる「アーリア系」と呼ばれる人びととは違い、どちらかといえば東アジアやインドシナ半島の人びとに近いことから、そのことが彼／彼女らのメディア消費にどのような影響を与えているかを観察することが興味深いと思われたからである。もちろん身体的類似性と文化的類似性を本質主義的に捉えることは社会科学的には否定されており、それらを安易に結びつけることは避けるべきであろう。しかしながら、インド北東部に住む人びと自身が「文化的近似性」をメディア商品の選択理由としてあげていることは特筆に値する。

また、インド北東部の少数民族のいくつかの事例と台湾の若者の事例を比較する方法を選んだのは、トランスナショナルな文化の流れを研究するにあたり、マーカスが提起する「マルチサイテッド・エスノグラフィー（multi-sited ethnography）」のアプローチが有効だと考えるからである（Marcus 1995）。白石（二〇一三）はこのアプローチによって日本のマンガやアニメの世界的広がりを研究し、インドネシアを中心に、台湾、香港、マレーシア、韓国、タイ、アメリカなど複数の地域でのフィールドワークをおこない、文化のグローバルな拡散について論考した[1]。本章でもマルチサイテッド・エスノグラフィーの枠組みを援用しながら、東アジアポピュラーカルチャー圏について分析を展開する。

## 第二節　台湾における日本ポピュラーカルチャーの受容

第二次大戦後の台湾における日本文化の受容については、日本統治時代に育った世代が国民党統治下においても日本文化を消費し続けるなかで、カセットテープなどを輸入し、流行歌などを聞いていたことに始まる。蒋介石率いる国民党政権下[1]においては、日本文化の輸入は禁止されており、特にテレビ番組に対しては厳しく、その禁止が正式に解除されたのは一九九三年になってからであった（石井二〇〇一）。こうした状況下においても、日本文化の流入は「海賊版」というかたちで継続され（白石二〇一三）、日本語を理解する世代のみならず、その下の世代においても日本の流行歌やマンガ、アニメ、テレビドラマなどが受容され続けた。筆者自身の台湾におけるフィールドワークにもとづいて述べると、いわゆる「日本語世代」においては小説や演歌などがメディア消費の中心であったが、その下の世代となると、日本のポップミュージックやドラマなどの消費が中心となる（Ota 2009）。このように台湾においては日本文化が広く浸透しているが、制度上かつては禁止されていたため、大っぴらに日本文化を好きといえるような状況ではなかった（石井二〇〇一）。しかしながら、一九九三年にテレビ番組の放送が解禁され、日本文化の禁止がなくなった頃から徐々に日本文化を公の場で語ることに対する抵抗が少なくなってきた。

その流れも手伝い、一九九〇年代末頃から日本文化を積極的に消費する若者が目立ち始め、それらの人びとは「哈《ハー》日族《リーズー》」と呼ばれるようになった。その先頭に立ったのが哈日杏子というペンネームでマンガやイラストなどを描き、活動している陳桂杏という若い女性で、哈日族[2]という言葉も彼女によって作られた（石井二〇〇一）。哈日の「日」は日本のことであるが、ハーと発音する「哈」は、犬が好きな食べ物を見たときにハーハーと近づくことに由来している。そのハーハーは、中国語で「哈哈」という漢字をあてることから、日本のものにハーハー言いながら近寄っていく若者を「哈日族」と呼んだのである。哈日杏子はその著書『我得了哈日症』[3]において、いかに自分が日本好きに

[1] トランスナショナルなポピュラーカルチャーを論ずるにあたりマルチサイテッド・エスノグラフィーの手法を採用しているそのほかの例としては、ハローキティの研究をしたヤノ（二〇一七）の著作もあげることができる。
[2] 北京語ピンインでは Hārì zú と表記。本章におけるカタカナ表記はハーリーズーとする。
[3] 二〇〇一年に小学館から『哈日杏子のニッポン中毒——日本にハマッた台湾人 トーキョー熱烈滞在記』というタイトルで翻訳本が刊行されている。

なったのかを述べている（哈日 一九九八）。彼女が日本好きになったきっかけは一九八〇年代の初め、当時中学二年生だった頃に松田聖子を知り、そのかわいさに衝撃を覚え、ファンになったことが契機だったという。

哈日族という言葉が台湾メディアを賑わした一九九〇年代末から二〇〇〇年代初め、その中心となったのは若者であったが、哈日杏子が述べているように、そのきっかけは一九八〇年代の日本におけるアイドルブームである。それが台湾に伝わり、その当時に中学生だった人びとが十数年後、二〇代後半から三〇代前半になってその牽引役を担い、その下のさらに若い世代にも日本文化の消費が波及するようになったのである。

## 第三節　日本文化の変化と連動

台湾の若者の日本文化消費は、日本におけるポピュラーカルチャーの変化と連動する傾向がみられる。筆者の台湾での調査から、一九八〇年代の日本ポピュラーカルチャーを消費する人びとの傾向は性格的にどちらかといえば「おとなしい」傾向をもった人びとが多かった。哈日杏子自身もその著書で一九八〇年代当時の自分はおとなしく、格好も地味であったと告白している（哈日 一九九八）。その当時クラスのなかで活発なグループに属する若者は、マドンナやマイケル・ジャクソンなどのアメリカのポピュラーカルチャーを消費する傾向にあった（Ota 2009）。これは、当時の日本ポピュラーカルチャーのイメージと連動していて、松田聖子を中心とした日本のアイドルは攻撃性よりもかわいさを売りにするスターが多く、台湾においてもそのイメージは伝わっており、日本ポピュラーカルチャーを消費する層は比較的おとなしい感じの人びとが多かった。しかしながら、一九九〇年代後半の日本ブームでは、哈日杏子のような中高時代はおとなしかったタイプの人のみならず、活発で少し派手好きなタイプの中高生や大学生などの若者も日本文化を消費するようになった。これは、日本におけるポピュラーカルチャーの変化にともない、台湾の若者の消費者も変化したからである。一九九〇年代後半から二〇〇〇年代初めまで日本のメディアを賑わせていたのは、モーニング娘。やジャニーズなど、どちらかといえばかわいさや親しみやすさを売りにするアイドルグループであり、そのようなグループを支持する台湾の若者は依然として存在したが、他方では、安室奈美恵や小室ファミリーなどのように、かっこよさを売りにするグループも登場し、それらに魅力を感じる台湾の若者も存在したのである。安室奈美恵などを支持する台湾の若者は、ファッションもどちらかといえば地味ではなく、クラブなどに出入りする人びともみられた（Ota 2009）。

　このように、日本ポピュラーカルチャーが多様化し、さまざまな消費タイプの若者にも対応するのと連動して、台湾の消費者も自分の消費スタイルに合った日本ポピュラーカルチャーを選択するようになった。また、台湾においては、先述の通りメディア商品のみならず、日本食、日本資本のカフェチェーン、デパート、ファッションなど幅広い分野で消費されており、日本文化の浸透をめぐる度合いの深さをうかがい知ることができる。

## 第四節　東アジア文化圏と文化的近似性

　台湾において日本文化は広く受容されているが、二〇〇〇年代初めからは韓国文化の消費が顕著となり、現在においてもその傾向は続いている。筆者が二〇〇二年から二〇〇三年にかけて台北においてフィールドワークをしていた際、韓国のテレビドラマを視聴する人びとが現れたことが注目され始め、哈日族ならぬ「哈韓族《ハーハンズー》」と呼ばれていた。また、当時は日本文化が圧倒的な人気を得ていたので、それとは異なる新しい流れが韓国から出現したということで、「韓流」という言葉も聞かれるようになった。日本で韓流ブームのきっかけとなった『冬のソナタ』は二〇〇四年だったので、日本よりも早い段階から台湾では韓国文化が注目され始めたことになる。[4] 筆者の台湾人に対する聞き取り調査によると、二〇〇二年の時点では、韓国ドラマはどちらからといえば中年女性が視聴するもので、テレビの放映に際しても、日本のドラマは日本語で流し中国語の字幕をつけるのが普通であったが、韓国ドラマにおいては吹替が多かった。しかしながらその後、韓国の若者向けのポップミュージックが台湾で流行となり、韓国文化は若者にも浸透していった。

台湾人が日本文化や韓国文化を消費する理由としては文化的近似性があげられる。[5] 実際に台湾の人びとに対して、日本のテレビドラマがなぜ面白いと思うのかを聞くと、しばしば「文化的に近いから」という回答が返ってきた。文化的に近いということはポピュラーカルチャーの受容において重要な要素ではあるが、岩渕功一（二〇〇一）は台湾の若者の日本文化受容について「文化的近似性」をあげながらも、さらに踏み込んで「文化的近時性」を指摘している。岩渕が調査をおこなった一九九〇年代においては、日本はほかのアジアの地域を「遅れたアジア」としてみる傾向があったが、当の台湾の若者は日本の若者と同時代を生きているという感覚をもっていたという。岩渕（二〇〇一）の指摘によると、日本のテレビドラマで描かれている都会でのライフスタイルは、台湾の都市を生きる若者のライフスタイルと同じであるという感覚が前提としてあり、それによって日本のドラマに対する「近似性」と「近時性」の接合が成立していたという。

ともあれ台湾の若者にとって日本文化は、文化的に似ているという「親しみやすさ」と、同時代を生きているという「同時代性」を前提とする消費の対象であるが、同様の構図は韓国文化の消費においても認められる。そして台湾のみならず、香港やシンガポールにおいても、若者たちは日本や韓国のポピュラーカルチャーに対して同じような感覚でもって接している。付け加えておくと、香港は中国の映画製作の中心地であり、それらは中国語圏で広く消費され、台湾における北京語の音楽やテレビドラマも中国大陸をはじめ、シンガポールなどでも人気を博している。チュアはこれらの地域間のポピュラーカルチャーが流通する圏域を「東アジアポピュラーカルチャー圏」と呼び、その域内での生産、流通、消費について論じている（Chua 2008）。チュアが示すポピュラーカルチャー圏は東アジアとシンガポールのことであったが、消費という面だけをみれば、東南アジア諸国も加えることができるだろう。筆者が訪れたマレーシア、タイ、インドネシア、ミャンマーにおいては、日本ポピュラー文化、最近では特に韓国ポピュラー文化が若者の間で人気となっている。韓国の歌手や俳優はこれらの国の人びとの若者と話したとき、よく知られていたし、アイドルグループとしてジャカルタ版（ＪＫＴ48）が発足したことは日本でも話題となった。

## 第五節　文化的無臭とポピュラーカルチャーの広がり

チュアが指摘する東アジアポピュラーカルチャー圏は、先述の通り、消費においては東南アジアも含まれうるが、しかし隣国のインドにおいてはその限りではない。筆者は二〇〇七年八月から二〇一二年三月までデリーをベースに生活し、その後もインドの若者文化について継続的に調査しているが、インドの若者の間では日本のアイドルや韓国の芸能人については、東アジア研究をしている学生を除けばほとんど知られていなかった。その一方で、ハリウッドスターは少なくとも都市部の大学生の間では一般的に広く知られている。インドは自国の映画産業が発展しているので、ボリウッドを中心とする自国のスターが最も人気があるが、外国の芸能界についての認知度はハリウッドのみ高く、他方で日本や韓国の芸能界に対する認知度は極めて低いという点は東アジアと東南アジアの若者と異なる。ただし、最近では日本のアニメがインドの若者の間で多少は消費され始めている。英語を理解するインドの若者のなかでアニメを楽しむ人びとが出現するようになった背景には、インターネットが普及したことと、シンガポールや中国系アメリカ人を中心とするアニメファンが英語字幕をつけ、それらのコンテンツをインターネットにアップロードし始めたことがあげられよう。

［4］韓流という言葉の由来は諸説があるが、一般的には一九九九年末に中国の新聞がこの語を使い始め、その後、香港経由で広がったと考えられている（土佐二〇〇五）。

［5］これは、筆者自身の調査結果のみならず、石井（二〇〇一）の調査結果においても同様の指摘がなされている。

岩渕（二〇〇一）は文化に「臭い」があるものと臭いがないものについて論じている。彼によれば、ハリウッド映画などはそれを消費する際に「アメリカ」を感じさせるものであるが、ソニーの製品を使用したとしても、消費者はそれによって「日本」を感じることはない。この「アメリカ」を感じさせるものは文化的に臭いがあるもので、そうでないものは文化的に無臭であると述べている。さらに岩渕（二〇〇一）は著書のなかで、アニメを文化的に無臭なものとして分類している。これに関しては、筆者が欧州の人びとにおこなった聞き取り調査で、子ども時代に見たアニメを日本のものとして認識していた人が少なくなかったことから、日本のアニメが文化的に無臭であるかどうかは議論の余地があると考えられるが、少なくとも、それは実写版の映画やテレビドラマよりは「臭い」は薄いともいえるだろう。岩渕（二〇〇一）のいう「無臭な」アニメはインド国内の若者にも受容されつつあるが、日本や韓国の臭いをまとっている実写版映画やテレビドラマは、インドではほとんど消費をされていないのである。

## 第六節　インド北東部ナガ系諸民族の若者のポピュラーカルチャー消費

以上のように、文化的な臭いがする日本や韓国のテレビドラマや流行歌は、東アジアや東南アジアにおいては消費されているものの、インドではほとんど消費されていない。しかしながら、インド国内の北東部においては韓国ポピュラーカルチャーが積極的に受け入れられている。この地域は、東側はミャンマーと国境を接し、北側を中国と接しており、そこに住む人びとは北インド系や南インド系の人びととは違い、外見上は東南アジアや東アジアの人びとに近い。本節ではその地域のなかでもナガ系諸民族の若者の間におけるポピュラーカルチャー消費を観察し、そこから「文化的近似性」や「文化の臭い」について議論を深めていく。

ナガ系諸民族はインド北東部ナガランド州を中心に居住地があり、そのほか隣接するマニプル州の山岳地帯、アッサム州、アルナーチャル・プラデーシュ州、そしてミャンマーの一部に居住し、アンガミ族、アオ族、セマ族、タンクール族などのさまざまなサブトライブから構成される連合体である。山岳民族であるため、歴史的にはインド文明との接触はあまりなく、村を中心とした共同体的な生活を営んでいた（Singh 2008）。イギリス統治下においてインドが独立する前に独立の可能性を模索するが、それは認められずインドに組み込まれ現在に至っている。そのことから、インドからの自治や独立などを望む人びとも少なからず存在している。

筆者はインド滞在時、デリーにてナガの若者たちと接し、彼らの住むナガランド州やマニプル州の居住地にも訪れて調査をおこなった。ナガの若者の間で人気なのはハリウッド映画やアメリカを中心とした英語の音楽であり、これは北インドの若者、とりわけ中間層より下の若者よりも深く浸透しているという印象がある。この理由の一つに言語能力がある。ナガの人びとは学校教育が英語であるため英語の映画や音楽の理解度が高い一方で、ヒンディー語をしゃべる習慣がないので、ボリウッド映画を理解できず興味の対象から外れる傾向にあることが指摘できる（Ota 2011）。

アメリカのポピュラーカルチャー以外で、ナガの若者の間で人気なのは韓国のドラマや音楽などである。これはナガの若者のみならずインド北東部の若者全般にいえることである。そのほかのインドの地域では韓国ドラマがほとんど消費されていないことを考えると、この地域での人気は突出している。電力事情や通信事情が悪かった時代にはミャンマーからの海賊版ＤＶＤが流入しており、人びとはそれらを視聴して楽しんでいたが、最近では電力事情も改善し、衛星放送などでも韓国のドラマを視聴できるようになったほか、インターネット経由でも、それを自由に視聴できるようになった。言語の壁が介在するという点においては、ボリウッド映画も韓国ドラマも同じであるが、ボリウッド映画は一応「自国」の映画であるにもかかわらず、むしろナガの人びとは韓国ドラマを好むという傾向は興味深くも感じられる。ナガの若者にその理由を聞くと「見た目が似ているから」、「ボリウッド映画のように騒がしいノリではなく落ち着いたものが多いため、自分たちの文化と似ていると思う」という回答が聞かれた。ナガの若者自身の説明からは、文化的近時性を韓国ドラマの視聴理由としていることがうかがえる。

## 第七節　結びにかえて

本章では東アジアおよび東南アジアにおけるポピュラーカルチャーのトランスナショナルな流れについて概観してきたが、その際に、文化的近似性が重要な要素として関与している点を確認してきた。さらに、台湾においては近時性という要素も加わり、より広く、深く浸透している様子を観察することができた。むろん文化的近似性がトランスナショナルなポピュラーカルチャーの絶対条件となるかといえば必ずしもそうではなく、ハリウッド映画やロック、ヒップホップなどのコンテンツが世界的に消費されている事例をみればそれは明らかだともいえる。しかし本章で取り上げたように、日本や韓国のポピュラーカルチャーでも「臭いがあるもの」は東アジアや東南アジアにとどまり、インドにおいてはほとんど消費されていないが、他方で東南アジアと南アジアの境界線、インド北東部のナガの若者たちの間では、韓国ポピュラーカルチャーが広く浸透していることは興味深い事例だといえる。

ナガの若者は国内のボリウッド映画よりも韓国ドラマの方に「近さ」を感じ、消費をおこなっている。しかしながら、北東部の人びとが皆ボリウッド映画を視聴していないかというとそうではなく、本章では紙幅の関係上論及できなかったが、アルナーチャル・プラデーシュのアパタニ族は韓国ドラマもボリウッド映画も視聴し、アメリカの映画、ドラマ、音楽なども消費している。アパタニ族の間ではヒンディー語が理解され、インドの一部となったプロセスがナガと異なっており、政治的要素が薄いことも要因であると考えられる。

他方で「文化的近時性」の観点からいえば、インド北東部はインフラが整っておらず、地域によっては電気も安定して供給がなされていないことに加え、都会での会社勤めというライフスタイルとも違うため、文化的には近時ではない。それにもかかわらず、韓国のドラマはその地域の若者を引きつけている。

このように、ポピュラーカルチャーがトランスナショナルな動きをする場合、アメリカのものは、「近似的」あるいは「近時的」であるかに関係なく「ナショナルな枠組み」を越えることができるが、日本や韓国のポピュラーカルチャーの場合は、アニメなどのような比較的臭いが薄いものはグローバルな広がりをみることができるものの、テレビドラマや歌手、バンドなど「臭いがあるもの」についてはその範囲がインド北東部までしか及んでおらず、また、その際には近似性が現地の若者の消費理由として解釈されていたのである。

## ◉引用・参考文献

石井健一［編著］（二〇〇一）『東アジアの日本大衆文化』蒼蒼社

岩渕功一（二〇〇一）『トランスナショナル・ジャパン――アジアをつなぐポピュラー文化』岩波書店

白石さや（二〇一三）『グローバル化した日本のマンガとアニメ』学術出版会

土佐昌樹（二〇〇五）「「韓流」はアジアの地平に向かって流れる」土佐昌樹・青柳　寛［編］『越境するポピュラー文化と〈想像のアジア〉』めこん、一九九－二二七頁

ヤノ、C・R／久美　薫［訳］（二〇一七）『なぜ世界中が、ハローキティを愛するのか？――〝カワイイ〟を世界共通語にしたキャラクター』作品社（Yano, C. R. (2013). *Pink globalization: Hello Kitty's trek across the Pacific*. Durham, NC: Duke University Press.）

Chua, B.-H. (2008). Transnational and transcultural circulation and consumption of east asian television drama. In C. Jaffrelot, & P. van der Veer (eds.), *Patterns of middle class consumption in India and China*. New Delhi: SAGE, pp.186–206.

哈日杏子（一九九八）『我得了哈日症』時報出版（小島早依［訳］『哈日杏子のニッポン中毒――日本にハマッた台湾人トーキョー熱烈滞在記』小学館）

Marcus, G. (1995). Ethnography in/of the world system: The emergence of multi-sited ethnography. *Annual Review of Anthropology*, *24*, 95–117.

Ota, S. (2009). The ambiguous lightness of being: Taiwanese youth, identity, and consumption of japanese youth culture. Gurgaon: Shubhi Publications.

Ota, S. (2011). Ethnic identity and consumption of popular culture among young Naga people, India. *International Journal of Asia Pacific Studies*, *7*(3), 53–74.

Singh, C. (2008). *The Naga society*. New Delhi: Manas Publications.

# 第四章　イスラーム文化の「基準化」の広がり

## 食品に関するハラール認証制度の形成と展開から

後藤絵美

### 第一節　はじめに

ここ数年、日本の産業界がイスラームに熱い視線を注いでいる。たとえば、あるビジネス雑誌の記事の冒頭には次のような一文がある――「イスラム圏の市場にどう切り込んでいくか、もしくはイスラム圏からどう顧客を呼ぶか。非イスラム世界とイスラムの世界には、文化の違いという壁が立ちはだかるが、その壁を乗り越える知恵は既に蓄積されている。「入場券」さえ、あればいい[1]」。この記事によると、非イスラーム圏の人間が「文化の違いという壁」を乗り越えて、巨大なイスラーム圏の市場に入るための「入場券」とは、ハラール認証マークのことだという。

「ハラール」とは、「合法な」、「許された」という意味のアラビア語の語彙で、通常、ムスリムにとって宗教的に許された物や行為を指して用いられる。食品や飲料、物品、サービスなどについて、諸団体や諸機関が審査をし、それが「ハラール」であると認めた場合に、証明書と認証マークを発行するという仕組みをハラール認証制度と呼ぶ。こ

[1]『日経ビジネス』二〇一三年九月二三日。

れを利用したビジネスはハラール産業と呼ばれるが、日本でもこの仕組みをできるだけ取り入れ、ビジネス・チャンスにつなげようという声が、官民をあげて大きくなりつつある。

「開けイスラム市場　合言葉はハラル」とは別の記事の見出しである。本文にはこう続く――「ムスリムの多い国々では消費者の不安を和らげるため、販売されている食品などがイスラムの教えにのっとった健全なもの（ハラル）であるかを第三者機関に認定してもらう「ハラル認証制度」が普及している。食品の含有成分のほか、牛、鶏、羊などの豚肉以外の食肉であってもムスリムの手によって処理されたかどうか、商品が豚肉と一緒に保管・輸送されていないかなど細かな規則が定められている。今やイスラム圏で商品販売やサービスを行う際の通行手形のような存在で［…］」[2]。

日本において、ハラール認証制度はしばしば「ムスリムの多い国々」で長らく用いられてきた制度であり、それを知り、利用することで、イスラーム文化を理解できると語られてきた。同じく世界宗教であるキリスト教や仏教について、信徒全体に関わる一つの文化があるといわれないのに対し、イスラームに関しては統一されたものがあるかのようである。この違いはどこからくるのだろうか。はたして、単一のイスラーム文化は存在するのか。イスラーム文化はどのように理解しうるものなのか。本章ではハラール認証制度を通して考えてみたい。

## 第二節　イスラーム文化とは何か

### 一　聖典と文化

世界宗教のうち、キリスト教信徒の人口は約二二億人、仏教信徒は五億人と推定される。キリスト教も仏教もそれぞれ多くの宗派に分かれ、その信徒は世界各地に分散して暮らしている（Pew Research Center 2012）。同じ宗教・宗派であっても、居住地域や社会階層、年齢層、ジェンダーなどの要素によって、考え方にも生活スタイルにも多様性があることは、広く知られている。たとえば、「キリスト教市場」や「仏教圏での商品販売」という表現を耳にすることはない。他方、世界各地に一六億人の人口を抱え、宗派はむろん、ほかにもさまざまな違いがあるムスリムについては、「イスラム市場」や「イスラム圏での商品販売」という、統一性を前提とする表現がしばしば聞かれる。この違いはどこからくるのだろうか。

日本におけるイスラーム研究の第一人者である井筒俊彦氏（一九九三年没）は、有名な著書『イスラーム文化――その根底にあるもの』（井筒 一九九一）のなかで、諸宗教の聖典の性質の違いに言及しつつ、イスラーム文化がその聖典クルアーン（コーラン）の性質に由来する統一性と多様性からなっていると論じた。キリスト教の聖書や仏教の経典が、それぞれ異なる時期に複数の執筆者や編者の手を経て成立したという多層的構造をもつのに対して、イスラームのクルアーンは、「神の言葉だけをそのまま直接に記録した」、「神自身の著書」として信徒の間で理解されている。そうした単一構成の聖典の存在が、イスラームの文化的統一性を生んできたというのである。ただし、聖典のテクストが具体的に何を示しているのか、神が人間に何を語りかけ、何を命じているのかを人間が理解するあり方は一様ではない。そこで生じる聖典の読み方や解釈の違いがイスラーム文化の多様性を作り出してきたのだという。

## 二　聖典と法

イスラームとは「神に身をゆだねること」という意味のアラビア語で、ムスリムとは同じ言葉から派生した単語で「神に身をゆだねる人」という意味である。ムスリムの間で信じられているのは、神が西暦七世紀のアラビア半島に暮らしていたムハンマドを最後の預言者（神の言葉を預かる者）に選び、彼を通して人間に対する最後の啓示を伝えたということである。その内容がクルアーンであり、それは現在、一冊の書物のかたちで知られている。クルアーン

［2］『日本経済新聞（電子版）』二〇一三年一〇月二一日。

のなかには、たとえば飲食に関して、次のような言葉がある。

人々よ、地上のもののうち、許された清浄なものを食べなさい。（二章一六八節）

神があなた方に食べることを禁じたのは、死肉、血、豚肉、神以外の名のもとに屠られたものだけである。ただし、故意に違反したのではなく、また法を越えず必要に迫られた場合は罪にはならない。（二章一七三節）

信仰する者よ。酒と賭け矢と石像と占い矢は悪魔の仕業として忌まわしいものである。よってこれを避けよ。きっとあなた方は成功するであろう。（五章九〇節）

神の教えを知ろうとクルアーンを繙いたムスリムは、「許された清浄なもの」に何が含まれるのか、「死肉、血、豚肉、神以外の名のもとに屠られたもの」や「酒」とはどの範囲のものなのかなど、さまざまな疑問を抱く。それに答え、ムスリムとして生きていくための倫理的行動指針を示してきたのが、イスラーム法と呼ばれるものである。

前出の『イスラーム文化』によると、イスラーム法は礼拝や断食などの宗教儀礼だけでなく、日常生活や家族関係、取引や契約の方法まで、人間の行為全体に関わると考えられてきた。その際、すべての行為は①義務、②推奨、③許容、④忌避、⑤禁止（ハラーム）という五つの範疇に分類される。それらの行為の実践の有無によって、神からの懲罰や報償があると信じられてきたという（井筒 一九九一）。

イスラーム法の体系化の担い手となってきたのが、アラビア語で「ウラマー」と呼ばれる学者たちである。歴史を通じて、ウラマーの間には聖典解釈の方法や解釈の内容をめぐって複数の学派が生まれ、また学派内にも意見の相違があった。そうして生じた多様性は許容され、学派のものであれ、ムスリム全体のものであれ、意見が一つにまとめられることはなかった（井筒 一九九一）。

以上から、イスラーム文化とはすなわち、神に対する倫理的規範（イスラーム法）のうえで、ゆるやかな統一性と多様性とをもちつつ展開してきたものということができる。ところが、二〇世紀後半、そこに「基準化」という新しい状況がもたらされたのである。次にこの変化についてマレーシアと日本を事例にみていくことにしたい。

## 第三節　イスラーム文化の「基準化」

### 一　マレーシアにおけるハラール認証制度の始まり

ムスリムが圧倒的多数を占める中東地域では、市場に出回っている食品は基本的に宗教的に許されたものであると考えられてきたため、それをあえて「認証する」という発想はほとんど生じなかったようである。一方、多くのムスリムが暮らしながらも、同時に異なる宗教や民族、文化が混在する東南アジア地域では、何が神によって「許された」ものなのかという問いが抱かれてきた。それが実際の制度として整備され始めたのは一九七〇年代以降であり、その先駆けとなったのがマレーシアであった。

一九五七年に英国領から独立したマレーシアには、マレー系の住民に加えて、中国系とインド系の住民がいた。マレー系が六割程度と多数派を占めていたが、経済力を握っていたのは中国系やインド系の人びとであった。一九七一年、経済格差の是正と、政治、社会、教育面でのマレー系への優遇措置を定めた新経済政策が導入されると、マレー系住民の生活に関わるものとしてイスラームが注目されるようになった。一九七四年には、首相府イスラーム問題局の調査センターが食品認証機関として機能し始め、その翌年には、貿易産業省の一九七二年取引表示法の一環として、「ハラール」という表現の使用」に関する省令が発布された（Minister of Trade and Industry 1975）。

同省令では、イスラーム法の規定に沿わない食品に対して「ハラール」という表現を使用することが禁じられた。

具体的には、①摂取が禁じられた動物や、適切な屠畜方法がとられていない動物の一部が含まれていないこと、②不浄とされる動物の一部が含まれていないこと、③予備処理や製造に際してイスラーム法によって不浄とされる道具などが用いられていないこと、④予備処理、製造、貯蔵に際して、①、②、③の条件に適わない食品や不浄とされるものから物理的に隔離されてきたこと、という四つの条件すべてに適ったもののみがハラールと表現されうると規定された。

前述の通り、ハラールとは「合法な」、「許された」という意味の言葉である。ハラールは、一般にイスラーム法の倫理的五範疇の五つ目にあたるハラーム（「禁じられた」）の対義語とみなされ、ハラーム以外の四つの範疇が含まれうる。実際、一九七五年の省令では、「イスラーム法の規定」で禁じられたものを含みえない食品だけをハラールと呼んでもよいとされていた。ここでのイスラーム法とは、前述のように、ウラマーが聖典を解釈し、導き出してきたムスリムの倫理的規範であり、そこには学派や学派内の意見の相違も含まれていたと考えられる。つまり、この時点における「ハラール」とは、神によって許されたものという比較的ゆるやかな概念であったとみることができる。

## 二　ハラールの基準化

マレーシアにおいてハラールがより具体的かつ特定のかたちをもつようになったのは、二〇〇〇年の「ハラール食品――製造、準備、取扱い及び貯蔵に関する一般ガイドライン（Malaysian Standard 1500）」（以下、MS 1500と表記）策定以降のことである。これは科学技術革新省基準局を主体として、マレーシア首相府イスラーム開発局（首相府イスラーム問題局の後継でJabatan Kemajuan Islam Malaysia, 以下、JAKIMと表記）やマレーシア基準工業研究所（Standards and Industrial Research Institute of Malaysia : SIRIM）などの協力のもとで考案された規格で、二〇〇四年と二〇〇九年の改訂を経て、食品がハラールであるかを判断するための基本的な指標となった。

以下は二〇〇九年の改訂版の概要である（Federation of Malaysia 2009）。第一項ではその適用の範囲が、第二項では「イスラーム法」、「ハラール」、「不浄」などの語彙の定義が示されている。第三項では、経営者の責任や施設、器具、衛生、そして食品の原材料や加工、貯蔵、運搬、陳列、販売、提供、梱包、広告の方法などに関連して、食品がハラールと認められうる基準が一〇頁にわたって記されている。たとえば、イスラーム法における不浄なものとして、（a）犬と豚とその由来物、（b）ハラールではないものによって汚染されたハラール食品、（c）ハラールではないものに直接触れたハラール食品、（d）人間や動物の開口部から発せられた液体物、（e）死肉あるいはイスラームの法規定に従わないかたちで屠畜された動物、（f）アルコール飲料や酩酊させるものやそれが混ざった飲食物などがあげられている（2.4.1）。また、食品がハラールとなるための必要条件の一つとして、屠畜の方法も詳しく記されている。それは健全な精神をもつ成人のムスリムのうち、免許をもつ者が、神の名を唱えつつ首の一定の箇所にナイフを一度だけ立てるという方法である（3.5.2）。さらに、「ハラール食品を貯蔵、運搬、陳列、売買あるいは提供する際には、分別し、ハラールであることを明示し、すべての段階においてハラールではないものと混ざったり、それによって汚染されたりすることを防ぐ必要がある」とも記されている（3.6.1）。

JAKIMはガイドラインの内容を補完するとともに、ハラール認証の普及を目指して、認証取得の手引き（JAKIM 2005/2011/2014）や管理システムに関するガイドライン（JAKIM n.d.）、ハラール畜肉生産の実施要項（JAKIM 2011）などを発行してきた。たとえば「手引き」では、認証を受けるために工場の施設内に労働者が居住することを制限したり、酒類やその加工品を持ち込むことを禁止したり、「ペットや野生動物が入ったり留まったりすることを防ぐようにフェンスを設けるか、管理システムを設置する」必要があることが示されたりと、ハラール食品製造の過程についてより具体的な規定が示されている。

JAKIMはこれらの基準をもとにハラール認証を行ってきた。その際の審査には、実務者や技術者に加えてウラマーが参加し、①書類上での審査、②工場や店舗への立入監査、③認証許可委員会による総合的な書類審査という手順が踏まれた。

MS 1500とそれに続く手引きやガイドライン、さらにその適用や運用によるハラール認証の実践によって、マレーシアという空間のなかで、ハラールは「ゆるやかな概念」から一定の具体的な事物や実践を意味する言葉となった。「神によって許されたもの」の範囲が一つに基準化されていったのである。

## 三 基準化されたイスラーム文化

二〇世紀終わりから二一世紀にかけて、マレーシアのハラール認証制度に類似した動きが世界各地でみられるようになった。ムスリムが多数派を占める地域では、現地政府の主導のもと、ウラマーが関与するかたちで、伝統文化や政府機関などの方針に従って基準が設定されてきた。数ある基準のなかでも特に知られているのが、先にあげたJAKIMのもののほか、インドネシアやシンガポールのウラマー評議会の基準、湾岸基準機構やアラブ首長国連邦の基準である。これらの認証基準は似通っているものの、完全には一致していない。「神によって許されたもの」の範囲は、国や地域の状況に合わせるかたちで基準化されたのである。

他方、日本を含むムスリム少数派の地域では事情が異なっていた。そこにはハラール認証制度を独自に進めようとする政府もなければ、その宗教的正当性や手続きについて意見を述べるウラマーも多くない。そこで、これらの国々では、マレーシアのような「ハラール先進国」が設定した基準を取り入れたり、海外の認証機関から認証資格を得た個人が独自に認証基準を設定したりすることで、ハラール認証制度を代用してきた。

日本を例にみていこう。日本のムスリム人口は推定で一二万人ほどといわれ、総人口の〇・一%程度である。その大半は滞日ムスリムと呼ばれる外国出身者で、日本生まれのムスリムはその一割程度、一万人ほどと推定される（店田二〇一三）。日本のムスリムの間でいつ頃からハラールが意識されるようになったのか、具体的な時期は明らかではないが、すでに一九七〇年代以前から、一定の屠畜方法によるハラール肉や、スパイス、豆類、缶詰などのハラール食品を扱う商社があったという。一九八〇年代には、滞日ムスリムによる食品の卸売りや小売りが始まり、国際協力機構ＪＩＣＡの研修・宿泊施設の食堂でハラール肉を使用した「宗教的戒律に配慮した」メニューの提供が開始された（鷹木 二〇一四）。この頃から、日本ムスリム協会などの宗教法人が、企業や個人の要請を受けてハラールについての助言や認証をおこなうようになった。こうしてハラールという言葉や概念は、日本国内でも少しずつ知られるようになっていった。

日本においてハラールの「基準化」が急速に進んだのは二〇一〇年以降のことである。この頃、ハラール関連団体が次々と設立されたが、その際に参考とされたのが、前述のマレーシアを含む東南アジアや湾岸諸国のハラール認証機関・制度であった。ハラールを団体名に掲げるＮＰＯ法人日本ハラール協会（大阪、二〇一〇年設立）や日本アジアハラール協会（福岡、二〇一二年設立）は、東南アジアや湾岸の認証機関とのつながりをもつ認証団体として、日系企業が進出先の基準に適した認証を取得する際のサポートをおこなうとともに、独自のハラール認証の発行もしてきた。二〇一三年に設立された一般社団法人日本ハラル推進協会（東京）は、「日本の牛肉をイスラム・ハラル市場へ」をスローガンに、日本国内の屠畜業者がハラール認証を取得するためのサポートをおこなってきた。同協会のウェブサイトには桃田昌則代表の言葉として、二〇〇二年に「ハラルという言葉を初めて耳にし[3]」たこと、その後、いろいろと学ぶうちに「マレーシアハラルと言うキーワードが世界のスタンダードであると確信」したことが記されている。

ハラール認証制度はしばしば「ムスリムの多い国々」で長らく用いられてきた制度であり、それを知り、利用することで、イスラーム文化を理解することができるといわれてきた。しかし、以上から明らかになったように、この制度は過去わずか数十年の間に形成され、普及したものであり、そこに映し出されているのは、イスラーム文化そのものではなく、そのうちの「基準化」された一部なのであった。

［3］https://www.japan-halal.net/ 日本ハラル推進協会とは／代表者挨拶／（最終確認日：二〇一八年八月四日）

## 第四節　結びにかえて――基準化の先へ

冒頭で述べたように、現在の日本では巨大なイスラーム市場の開拓を目指してハラール産業が推進されている。食品以外の分野でも、医薬品や化粧品、サービスなどでの認証制度が形成されつつある。また、イスラームの基準に則っていることを謳う「ムスリム・ファッション」や「イスラーム金融」も注目を浴びている。日本で、そして世界で、基準化されたイスラーム文化は今、華々しい輝きをみせている。

ただし、それはつねに歓迎されてきたわけではない。イスラームへの関心の高まりは好ましいとしながらも、基準化がもてはやされる現状を憂う声も少なくない。日本ムスリム協会の徳増公明会長は、イスラームとは個人と神との契約であり、両者の間には誰も介在しないこと、「食をどこまで許容するかは個々のムスリムが判断すること」と述べたうえで、現状のハラール認証マークの氾濫が、そうした判断の材料となるべき情報の混乱を招いていると指摘する（日本ムスリム協会二〇一六）。自身もウラマーの一人である中田考氏は、ハラール認証機関が食材やその取扱いについてイスラーム法に規定のない基準を設けていると指摘し、権威のないままに、神に代わって認証を出し、その対価を要求するという行為は「明らかに反イスラーム的」だと述べている（中田二〇一五）。また、人類学者の鷹木恵子氏は、ハラール認証が一つの境界線を作り出す可能性に言及し、その外側にあるものがハラーム（禁じられたもの）と断じられたり、その内側に「閉じた世界」が作られたりすることへの懸念を示している（鷹木二〇一四）。

かくいう筆者も、ハラール認証制度に代わるものがないかと模索する一人であり、それを皆で考えてみようという主旨で、東京大学から「ハナーンチョコ・プロジェクト」を推進している。現状の認証基準では、原材料に加えて製造過程や輸送ルート、保管先などにも厳密な条件が課されている。科学技術の進歩とともに、その条件に適合しているかという審査は、ときにDNAレベルまで、徹底的におこなわれるようになっており、その傾向は年々強まっている。こうした状況のなか、「ハラール」として認証される範囲は狭まる一方で、同時に「ハラール」のものを理想とするムスリムの意識や選択肢も狭まっているようである。

数十年前までのイスラーム文化が「ゆるやかな統一性と多様性」を特徴としていたとすれば、そこで営まれていた生活と、現在の、あるいは今後の生活とを比較した場合、どちらが暮らしやすいのだろうか。基準化は、イスラーム文化を誰にとってもわかりやすいものとし、それを広い範囲へと届ける役割を果たした。一方で、その理解を狭小なものにしてしまう危うさも抱えている。

「非イスラム世界とイスラムの世界には、文化の違いという壁が立ちはだかる」と感じるとすれば、その壁とはいったい何なのか。ハラール認証に代表される基準化の動きは、壁を乗り越えるためのものではなく、壁を覆い見えなくしてしまうもののようにも思われる。

## ◉引用・参考文献


井筒俊彦（一九九一）『イスラーム文化――その根底にあるもの』岩波書店

鷹木恵子（二〇一四）「イスラームのメタ理念「ハラール」の食品産業――日本におけるその変遷と新たな動向」住原則也［編］『経営と宗教――メタ理念の諸相』東方出版、二七九‐三一七頁

店田廣文（二〇一三）「世界と日本のムスリム人口二〇一一年」『人間科学研究』二六（一）、二九‐三九

中田　考（二〇一五）『私はなぜイスラーム教徒になったのか』太田出版

並河良一（二〇一五）『ハラル食品マーケットの手引き』日本食糧新聞社

日本ムスリム協会（二〇一六）「「ハラール」を安易に使用する現状を改めることが重要な課題」『ＪＲガゼット』三五六、六七‐六九

福島康博（二〇一六）「イスラームに基づく食の安全・安心――マレーシアのハラール認証制度の事例」アジア法学会［編］『現代のイスラーム法』成文堂、一五一‐一九三頁

Bergeaud-Blackler, F., Fischer, J., & Lever, J. (eds.) (2016). *Halal matters: Islam, politics and markets in global perspective*. London; New York: Routledge.

Federation of Malaysia (2009). Halal food-production, preparation, handling and storage: General guidelines (MS 1500: 2009, English version, Second revision).
JAKIM (n.d). Guidelines for halal assurance management system of Malaysia halal certification.
JAKIM (2005/2011/2014). Manual procedure for malaysia halal certification.
JAKIM (2011). Halal meat poultry productions protocol.
Minister of Trade and Industry (1975). Trade descriptions (Use of Expression "Halal") Order 1975〈http://www.wipo.int/wipolex/en/text.jsp?file_id=128857(最終確認日：二〇一八年八月四日)〉
Pew Research Center (2012). The global religious landscape: A report on the size and distribution of the world's major religious groups as of 2010.〈http://assets.pewresearch.org/wp-content/uploads/sites/11/2014/01/global-religion-full.pdf(最終確認日：二〇一八年八月四日)〉

**◉関連ウェブサイト**

一般社団法人日本ハラル推進協会〈https://www.japan-halal.net/(最終確認日：二〇一八年八月四日)〉
NPO法人日本ハラール協会〈https://jhalal.com/(最終確認日：二〇一八年八月四日)〉
NPO法人日本アジアハラール協会〈http://web.nipponasia-halal.org/(最終確認日：二〇一八年八月四日)〉
宗教法人日本ムスリム協会〈http://www.muslim.or.jp/(最終確認日：二〇一八年八月四日)〉
東京大学「ハナーンチョコ・プロジェクト〈https://asnet-utokyo.jp/emi-gto/hanan-chocolate(最終確認日：二〇一八年八月四日)〉
Halal Malaysia Official Portal〈http://www.halal.gov.my/v4/(最終確認日：二〇一八年一月五日)〉

# 第Ⅱ部

## 「コンテンツ」から考える
## トランスナショナル・コミュニケーション

# 第五章　スポーツ化するeスポーツ
## その競技性とトランスナショナル性をめぐる一考察

柴田拓樹・松本健太郎

## 第一節　はじめに――「eスポーツ」とは何か

二〇一八年三月上旬に、eスポーツをめぐる象徴的なニュースが立て続けに報じられた。まず、三月七日、吉本興業が東京・ヨシモト∞ホールで記者会見をおこない、eスポーツ事業への本格参入が発表された。このニュースについて当社のホームページを参照すると、「タレントマネジメントをはじめ、エンタテイメントに関わる企画・制作・流通・育成・PRなど国内、海外で展開する事業、プラットフォームを、eスポーツにおける様々な事業領域に活用することで、eスポーツにおけるビジネスエコシステムを構築し、日本のエンタテインメント界における新たな産業創出に寄与していく」[1]との目標が掲げられている。

その二日後、Yahoo! ニュースに三月九日付で掲載された『サッカーキング』の記事[2]によると、Jリーグが初の試

[1] http://news.yoshimoto.co.jp/2018/03/entry80832.php（最終確認日：二〇一八年三月一一日）
[2] https://www.soccer-king.jp/news/japan/jl/20180309/725898.html（最終確認日：二〇一八年九月一四日）

みとなるｅスポーツの大会「明治安田生命 eJ.LEAGUE」の開催を発表した、と報じられている。この記事を参照すると「大会で使用されるゲームは、Ｊリーグのクラブが登録されている「EA SPORTS FIFA 18」（ＰＳ４）のＦＵＴモード」であり、また、それを前提に「予選ラウンドと決勝ラウンドが行われ、優勝者にはＦＩＦＡ（国際サッカー連盟）が主催する公式ｅスポーツ大会「FIFA eWorld Cup 2018」の世界予選への参加権が与えられる」と説明される。以上の二つの事例が示すように、片や、数々のエンタテイメント事業を手がける吉本興業が、片や、日本プロサッカーリーグを運営するＪリーグが、新たにｅスポーツ事業に関与しようとしているわけである。ｅスポーツとはエンタテインメントなのだろうか、それともスポーツなのだろうか。

「ｅスポーツ」とは何か――むろん本章の読者のなかには、それを初めて知った、という人も少なからずいると思う。簡単に解説を加えておくと、ｅスポーツとは「エレクトロニック・スポーツ（electronic sports）」の略であり、デジタル大辞泉によると「主に対戦型のコンピュータゲームを用いた競技のこと。高度な技能を競うコンピュータゲームをスポーツ競技の一種と見なしたもので、アジアや欧米ではプロリーグも存在する」とされる。

「ｅスポーツ」という言葉そのものは一九八九年、もしくは一九九〇年頃、アメリカで各人が自前のコンピュータをもちよって接続し、対戦する「ＬＡＮパーティー」という行為から派生したという。それが、コンピュータの発達やインターネットの普及とともに発展を遂げ、オンラインのなかで他者とゲームで競い合うという新たな文化として台頭することになったのである。アメリカやヨーロッパ、韓国など、いわゆる「ｅスポーツ先進国」とされる国々では、ゲームの腕を競い合う大規模な大会が開催され、ときに二〇億円にも及ぶ賞金総額が設定されることもある。今やｅスポーツはグローバルに展開する新たなコンテンツ、あるいは、そこから派生する新たな文化として認識されつつあり、日本はむしろ立ち遅れた状況にあるとも指摘されるが、そこに吉本興業とＪリーグが積極的に参画しようと試みているわけである。

本章では、この「ｅスポーツ」という新たなコンテンツ、およびそれを起点する新たな文化的事象を紹介しながら、その競技性とトランスナショナル性について議論を展開することになる。

## 第二節　国内におけるｅスポーツ大会

日本国内における大規模なゲームイベントとして「東京ゲームショウ」がある。一般社団法人コンピュータエンターテイメント協会（以下、ＣＥＳＡ）が主催するこのイベントは一九九六年に初めて開催され、昨今ではアメリカのＥ３[3]、ドイツの gamescom[4] と並んで世界三大ゲームショウと呼ばれるほどに成長している。東京ゲームショウには、日本国内にとどまらず、世界各国の家庭用ゲームメーカーを中心とした関連企業が出展し、各企業がリリースするゲームの最新情報が発表されたり、発売前のゲームを体験することができたりと、プレイヤーを含めた多くの人びとが集まることになる。

図 5-1　東京ゲームショウ 2017
（筆者撮影）

二〇一七年九月二一日から二四日にかけて開催された「東京ゲームショウ二〇一七」において、ひときわ注目を浴びたステージがあった。「e-Sports X（クロス）」と名づけられ、BLUE STAGE と RED STAGE の二つに分かれたステージで、対戦格闘ゲームやＦＰＳ[5]など、さまざまなジャンルのゲームによる対戦イベントが実施されていたのだ。これらのステージは、二三日と二四日の両日ともたいへんな盛り上がりをみせていた。

[3] Ｅ３とは 'Electronic Entertainment Expo' の略称であり、アメリカのロサンゼルスで開催される世界最大のコンピュータゲーム関連の見本市である。

[4] gamescom とはドイツのケルンで開催される欧州最大規模のコンピュータゲーム見本市である。

もう一つ、それとは別の大規模なゲームイベントとして「闘会議」を取り上げておこう。闘会議とは株式会社ドワンゴと株式会社Ｇｚブレインが主催するユーザー参加型のゲームイベントであり、「ゲームファンとゲーム大会の祭典」と謳われている。そこでは賞金がかけられたゲーム大会のほかにも、レトロゲームやアナログゲーム、ゲーム実況といったさまざまなゲームとそのファンが集められていた。しかも二〇一八年二月一〇日、一一日に開催された「闘会議二〇一八」には、主催として新たに一般社団法人日本ｅスポーツ連合（以下、ＪｅＳＵと表記）が加わることとなり、「プロゲーマーが誕生する日本初のイベント」として位置づけられたのである。

付言しておくならば、ＪｅＳＵの公式ホームページには「プロゲーマー（＝ライセンス所持者）」の定義として、「プロフェッショナルとしての自覚を持つこと」、「スポーツマンシップに則り、プレイすること」、「プレイ技術の向上に日々精進努力すること」、「国内ｅスポーツの発展に寄与すること」の四点が掲げられている。[6] それまで「プロゲーマー」が明確に定義されることはなく、どちらかというと曖昧な概念だったといえるが、実態に即していえば、大会の賞金を獲得することができ、また、メーカーからの支援を受けているプレイヤーが「プロ」として認識される傾向にあったといえる。[7] しかし当事者たちにとっても、どのゲームがｅスポーツの種目であって、どのゲームがそうではないのかといった区分すらも共有されているとは言い難い状況があり、[8] また、現在のところＪｅＳＵ認定のプロライセンスの対象となるゲームがわずか七タイトルしかないという事情もある（ちなみに、ここに含まれないレーシングゲームやＭＯＢＡ[9]といったジャンルのゲームでは、海外での人気も高く、日本でもすでにプロゲーマーやプロチームが存在している）。今後認定タイトル数も増加していくと予測されるが、既存のプロゲーマーたちがＪｅＳＵ公認大会[10]での実績以外でライセンスを得るには、（認定タイトルの）ＩＰホルダーからの推薦を条件として例外的に発行されることしか方法がない、という実態がある。

ともあれ以上で取り上げた「東京ゲームショウ二〇一七」と「闘会議二〇一八」であるが、両者のｅスポーツイベントとしてのあり方には大きな違いが見受けられる。まず前者、「東京ゲームショウ二〇一七」では、すでにゲームコミュニティにおいて有名になったプレイヤーや、すでに海外の大会で実績を残している「プロ」のプレイヤーのみが参加するエキシビションマッチが中心であるのに対して、後者の「闘会議」では、予選を勝ち抜いたプレイヤーが決勝大会に参加する形式がとられており、参加者のなかには「アマチュア」のプレイヤーたちも多く含まれている、という点である。「東京ゲームショウ二〇一七」の共催者である日経ＢＰ社代表取締役の新実傑は、「すでに海外で e-Sports は野球やサッカーなどのリアルなプロスポーツと同じように多くのファンを巻き込んだ一大ムーブメントとなっています。最近では、海外の大会における日本人選手の活躍が、国内でも話題になるようになってきました」と指摘している。[11]ここで言及される「リアルなプロスポーツ」とは何か、という問題に関しても議論の余地があろうが、ともあれ「予選／決勝」もしくは「プロ／アマ」といった区分を含めて、ｅスポーツは制度的に文化的にも、既存のスポーツを意識しながら、あるいはそれを模倣しながら発展を遂げつつあるといえるだろう。

［5］ＦＰＳとは First Person Shooter の略称であり、一人称視点によって描かれる空間のなかで、武器や素手を用いて戦うシューティングゲームのジャンルである。
［6］https://jesu.or.jp/contents/license_system/ ライセンス制度（最終確認日：二〇一八年三月一一日）
［7］多くの場合はこれによって生計を立てている人物だといえるが、なかにはプロゲーマーを兼業として一般企業に就職しているプレイヤーもおり、これだけで完全に定義の範囲を決定づけることは難しい。
［8］参考動画として、世界的にも有名な日本人プロゲーマーである梅原大吾が主催したｅスポーツについての座談会をあげておきたい〈https://www.youtube.com/watch?v=N-GLUFIyGmM&t=6802s（最終確認日：二〇一八年三月一一日）〉。
［9］ＭＯＢＡとは Multiplayer Online Battle Arena の略で、複数人のプレイヤーが二つのチームに分かれ、ＲＴＳの要領でキャラクターを操作しながら、味方と協力して敵の本拠地を破壊し、勝利を目指す。その過程において操作するキャラクターを成長させるＲＰＧ的な要素も持ち合わせている比較的新しいゲームのジャンルである。
［10］認可されていないゲームタイトルはそもそも公認の大会など開きようがないことを付言しておく。つまり、認可されていないゲームタイトルのプレイヤーはいかに知名度や実績があろうとライセンスを得ることはできない。
［11］http://expo.nikkeibp.co.jp/tgs/2017/public/visitor/greeting.html（最終確認日：二〇一八年七月一三日）

## 第三節　「スポーツ」と「コンピュータゲーム」の曖昧な関係

「ｅスポーツ」と聞いて、スポーツを題材とするコンピュータゲームのみに限定されると誤解する人もいるが、むろんそうではない。先述の「明治安田生命 eJ.LEAGUE」のように、スポーツを題材とするゲーム作品に依拠する大会もあるが、実際にはそれだけに限らないのだ。図5-2で整理されるように、ｅスポーツの大会で競われるゲーム作品としては、さまざまなジャンルのもの――ＦＰＳ部門、ＭＯＢＡ部門、ＲＴＳ部門[12]、格闘ゲーム部門、パズル部門など――が含まれうる（この図では、本来的にはスポーツではないはずの各種のゲームジャンルが「種目」として位置づけられている）。

先述の通り、ｅスポーツとは「対戦型のコンピュータゲームを用いた競技のこと」である。「高度な技能を競うコンピュータゲームをスポーツ競技の一種と見なしたもの」であり、どうみても、一般的にいう「スポーツ」とは異質なもののように思われる。しかしその一方で、「スポーツ」と「コンピュータゲーム」の区別がはたして自明のものかというと、必ずしもそうとはいえない。

一例として、「Ｗｉｉリモコン」を前提とするゲームをあげてみよう。二〇〇六年に発売されて話題となった『Wii Sports』では、プレイヤーはＷｉｉリモコンと呼ばれるコントローラを握って、自らの動作とキャラクターの動作をシンクロさせ、それによって仮想空間のなかで「テニス」、「ゴルフ」、「ボウリング」などの各種競技を疑似体験することになる。このうち「テニス」に即して考えてみるならば、プレイヤーが右手に握ったＷｉｉリモコンを振ると、プレイヤーの代理物であるプレイヤーキャラクターが右手でラケットを振るという、いわば動作上の「同期化」が前提となっている。興味深いことに、この『Wii Sports』もそうであるし、あるいは二〇〇八年に発売された『シェイプボクシング Ｗｉｉでエンジョイダイエット！』もそうであるが、当時放映されたＣＭ（図5-3）において、それらは自宅にいながらにして手軽に楽しめる「スポーツ」として、あるいは、ジムに行かなくてもダイエットを可能に

図 5-2　e スポーツにおける種目の多様性 [13]

図 5-3 『シェイプボクシング Wii でエンジョイダイエット！』の CM [14]

してくれる商品として宣伝されていたのである。

実際『Wii Sports』に限って考えてみても、そこにはスポーツとしてのルールと、それにもとづくパフォーマンスがあり、さらに、そのパフォーマンスに依拠して判定される勝敗がある。また、そこには一定の身体動作と共同性が随伴していることから、それらを総合して考察してみるならば、このゲームは「スポーツ」としての要件をある程度は満たしているようにも感じられる。

コンシューマーゲーム機の歴史を振り返ってみると、人気シリーズである『プロ野球ファミリースタジアム』にしても『ウイニングイレブン』にしても、スポーツをテーマとするゲーム作品は以前から数多く存在したはずである。しかしそれら（指先だけでプレイできる）従来のスポーツゲームが「スポーツ」になることは到底ありえなかったのに対して、全身運動をも要

［12］RTSとは Real-time Strategy の略で、俯瞰視点によって戦場を捉えつつ、リアルタイムで適切な指示を送り、敵と戦うシミュレーションゲームのジャンルである。

［13］http://jespa.org/about（最終確認日：二〇一八年三月一一日〈二〇一八年九月一四日現在、アクセス不可〉）

［14］https://www.youtube.com/watch?v=CX9YXto_qkg（最終確認日：二〇一八年三月一一日）

求するＷｉｉリモコンの導入によって、プレイヤーはコンピュータゲームの遊び手であると同時に、その仮想空間に没入しながら実際に汗を流すスポーツ選手でもある、という両義的な存在になりうるようになった。つまり『Wii Sports』を新しいタイプのスポーツに見立てるならば、それによってスポーツを題材とする一部のコンピュータゲームがスポーツ化しつつある、とも解釈できるのではないだろうか（松本 二〇一一：二四一）。

そもそも「ゲーム（game）」という言葉は、コンピュータゲームのような「遊戯」を意味すると同時に、スポーツの世界では「試合」を意味する。また「プレイヤー（player）」という言葉は、コンピュータゲームの世界では「遊び手」だが、スポーツの世界では「選手」を意味する。しかし、当時それらの意味論的区分はＷｉｉリモコンというインターフェイスと、その機能を駆使したゲームソフトの登場によって揺らぐことになった、ともいえよう。そして「ゲーム」と「プレイヤー」をめぐる両義性は、ｅスポーツの台頭によって新たな段階を迎えつつあるのではないだろうか。

## 第四節　オリンピックを指向するｅスポーツ

前節で論及したように、「スポーツ」と「コンピュータゲーム」の区別は必ずしも自明のものとはいえないわけだが、他方で、本来であれば「スポーツ」とは言い難いはずのｅスポーツが「スポーツ」を指向している、という側面があることも看過できない。本節では、ｅスポーツの国際大会のあり方について考察を展開してみたい。

まず、「日本におけるｅスポーツの振興を通して国民の競技力の向上及びスポーツ精神の普及を目指し、これをもって経済社会の発展に寄与すること」[15]を目指すとの目標を掲げて設立されたＪｅＳＵに改めて目を向けてみよう。その設立以前には、ｅスポーツ関連の団体は複数存在したのだが、ＪｅＳＵはそれらを統合することで設立されたという経緯がある。ＪｅＳＵの会長はＣＥＳＡ会長の岡本秀樹が務め、副会長は、株式会社Ｇｚブレイン代表取締役社長で、（ＪｅＳＵに統合された団体の一つである）一般社団法人日本ｅスポーツ協会の理事でもあった浜村弘一が務めている。また、プレイヤー側のｅスポーツ団体として、ＣＥＳＡや一般社団法人日本オンラインゲーム協会といった、ＩＰホルダー[16]が所属する団体の協力体制が整備されている。

既存の複数の団体が統合されるに至った背景には、ｅスポーツがオリンピック種目へ採用される可能性が介在している、といわれている。実際にアジアオリンピック評議会は二〇一七年四月一七日、スポーツ国際大会として四年に一度開催される二〇二二年のアジア競技大会にて、ｅスポーツを正式なメダル種目とすることを発表している。それに先駆けるかたちで、二〇一七年九月に開催された第五回アジアインドア＆マーシャルアーツゲームズにデモスポーツとしてｅスポーツが追加されてもいる。さらにいえば、国際オリンピック委員会（International Olympic Committee, 以下、ＩＯＣ）のトーマス・バッハ会長はインタビューにて慎重な姿勢を示しつつも、ｅスポーツのオリンピック競技種目への追加の可能性に言及するほどになっている。[17] このような国際的な流れがあるなかで、その流れに対応しようという動向が日本のｅスポーツシーン――特にＩＰホルダー側とプレイヤー側の双方――に認められるのだ。

スポーツの国際大会への進出は、ＩＰホルダー側からみればメディアへの露出を増加させ、ゲーム産業をさらに発展させる契機を提供するものと捉えられるだろう。日本のｅスポーツタイトルは海外で人気のタイトルと比べるとまだまだ競技人口――実質的にはプレイヤー人口ではあるが――が少ないという状況があるわけだが、日本におけるｅスポーツシーンを活発化させることで、海外も含めた普及を目指すといった意図もありうるだろう。

その一方でプレイヤー側からみれば、オリンピックを含むスポーツ国際大会へ選手を「日本代表」として派遣する

[15] https://jesu.or.jp/contents/union_summary/（最終確認日：二〇一八年七月一三日）

[16] ＪｅＳＵ公式ホームページを参照すると、ＩＰホルダーとは「ゲームタイトルの著作権（Intellectual Property）を保持する者（Holder）で、主にゲームメーカーのこと」とある〈https://jesu.or.jp/contents/license_system/（最終確認日：二〇一八年八月七日）〉。

[17] http://www.scmp.com/news/china/society/article/2108501/violent-video-games-have-no-place-olympics-e-sports-are-still（最終確認日：二〇一八年三月一五日）

ために は、日本オリンピック委員会に加盟をしなければならないのだが、そのための条件の一つとして「当該競技国内唯一の統括団体であること」とあり、以前のように複数の団体が林立する状況では、選手の派遣が実現しないといった問題があったわけである。

現在のところ日本が参加しているｅスポーツの国際団体として、韓国に本部を置く「国際ｅスポーツ連盟(The International e-Sports Federation)」(以下、ＩｅＳＦと略記)がある。ＩｅＳＦの公式ホームページには、'The International Esports Federation works consistently to promote esport as a true sport beyond language, race and cultural barriers.'との記載があるが[18]、やはりｅスポーツを言語、人種、文化の壁を越えた「真のスポーツ」として推進することを目指しており、その活動の一環として、e-sports World Championship という国際大会を開催している。ＩｅＳＦもｅスポーツのオリンピック種目採用を目標として掲げており[19]、二〇一五年には世界アンチ・ドーピング機関の署名者となり、スポーツとしての認知を図っている。このようにＩｅＳＦはオリンピックへと接近しながら、ＩＯＣ承認の国際競技団体となり、オリンピックでの正式種目化を目指しているのである。

このような動きがある一方で、ＩＯＣの承認を目指さず、独自に「ｅスポーツのオリンピック」を開催しようとする動きもある。そのような動向の中心にあるのがイギリスのｅスポーツ団体 eGAMES である。eGAMES は二〇一六年に設立された団体であり、イギリス政府の支援を受けながら、同年に、賞金ではなく名誉のために戦うｅスポーツの大会を開催した。注目すべき点は、本イベントが二〇一六年に開催されたリオデジャネイロオリンピックと同時期に開催されたことだろう。「名誉のために戦う」というコンセプトのもとで、賞金が設定される代わりに、優勝者には金メダルの授与がなされた。本団体はＩＯＣには未認可でありながら、時期、会場、そして形式すらもオリンピックを模倣したかのような形態が採用されていたのである。この eGAMES の国際大会の形式は、日本と同じようにｅスポーツが一般化しているとは言い難いイギリス独自の方向性であると捉えられる。

## 第五節　結びにかえて

以上のように近年、ｅスポーツをオリンピックに接近させるような試みが国内外で認められるわけであるが、そのような方向性の起源はどこにあるのだろうか。この問題に関連して、ｅスポーツの国際大会として最も有名なものの一つであり、現在では開催されなくなったWorld Cyber Gamesについても触れておきたい。このイベントは二〇〇〇年に企画され、その後、二〇〇一年からは毎年異なる場所を舞台として、二〇一四年まで開催されていた大会である。その公式ホームページには以下のような文章がある――"The World Cyber Games were an international competition akin to the Olympics of playing video games."。この文言にも認められるように、「ｅスポーツ」という言葉が登場して間もない段階で、すでにオリンピックへの接近の意図が明記されていたのである。

本章でみてきたように、ｅスポーツとは「対戦型のコンピュータゲームを用いた競技のこと」であり、一見すると「スポーツ」ではないようにみえる。それはコンピュータゲームの競技を「スポーツ競技の一種と見なしたもの」でしかない。しかしその一方で、本来であれば「スポーツ」とは言い難いはずのｅスポーツが「リアルなプロスポーツ」を、あるいは「真のスポーツ」を指向している、という側面が認められた。

現状、ｅスポーツというコンテンツや、そこから派生した文化は発展途上にあり、まだ未整備なところが散見され

[18] https://www.ie-sf.org/iesf/（最終確認日：二〇一八年七月一三日）

[19] レオポルド・チャンはあるインタビューのなかで、ＩｅＳＦの目標を「e-Sportsというものを世界的に広めていくこと」、「オリンピックへの道筋を開くこと」、「人的資源の側面からe-Sportsを育てていくこと」、そして「大会を開催し、それを次につなげていくこと」にあると語り、そのうえで「我々としては、いきなりオリンピックでの採用を目指すのではなく、段階を踏む必要があると考えています。例えば、ＷＡＤＡ（World Anti-Doping Agency）のような公的な組織に、e-Sportsをよく知ってもらい、スポーツとして認知してもらう。またそれぞれの国で、e-Sportsの知名度を向上させる」必要があると主張している〈http://www.4gamer.net/games/999/G999905/20180211001/（最終確認日：二〇一八年三月一一日）〉。

る。なにがその種目になりうるのか、という認識すらも確立されておらず、また、「プロ／アマ」の区分も流動的である。各国のローカルなルールも多様であり、また、国際大会も「賞金」志向か「名誉」志向か、あるいはオリンピック志向かそうでないものか、さまざまである。あるいは、いっとき有名になったWorld Cyber Gamesのような国際大会でも、すでに開催されなくなったものもある。このように流動的な状況のなかで、国際的な人気を獲得しつつあるeスポーツは、既存の「スポーツ」との緊張関係のなかで、将来どのように進化していくのだろうか。

**◉引用・参考文献**

『eスポーツマガジン』白夜書房（二〇一七）
梅崎伸幸（二〇一七）『月給プロゲーマー、一億円稼いでみた。』主婦と生活社
加藤裕康（二〇一七）「ゲーム実況イベント――ゲームセンターにおける実況の成立を手がかりに」飯田　豊・立石祥子［編著］『現代メディア・イベント論――パブリック・ビューイングからゲーム実況まで』勁草書房
松本健太郎（二〇一一）「「接続される私」と「表象される私」――コンピュータ・ゲームをめぐる記号論的・メディア論的考察の可能性」日本記号学会［編］『いのちとからだのコミュニケーション――医療と記号学の対話』慶應義塾大学出版会、二二八-二四四頁

# 第六章　テレビ番組のトランスナショナル

## コンテンツの輸出入・フォーマット販売から映像配信サービスまで

石田佐恵子

### 第一節　はじめに

海外旅行や留学先で何気なくテレビを視聴するとき、「なんだか見たことある番組だなあ?」と首をかしげたことはないだろうか。たとえその国の言葉がわからなくても、スタジオやキャスター、VTRの使い方などから、「天気予報」、「ニュース」、「バラエティ番組」などの番組ジャンルは簡単に推測できる。ましてや音楽やテロップなど、見覚えのある番組の形式がまったく同じだったりすると「あれっ?!」と驚いてしまうことになる。

今日、テレビ番組のトランスナショナル（＝国境を越えた流通）は世界中至るところに広がり、さまざまな形態がみられる。映画やテレビドラマ、アニメーションなどの物語番組は字幕スーパーや吹き替えによって他国へ広く販売されている。日本国内でもアメリカや韓国のテレビドラマがよく放送されているし、日本のテレビドラマが意外な国々で視聴され大人気になっているケースもある。一方、バラエティ番組やクイズ番組などは、たとえ同じ番組名であっても放送される文化圏ないし国ごとに制作されている。これはいったいなぜなのか。テレビ番組のトランスナショナルにはどのようなパターンがあるのだろうか。

本章では、コンテンツの輸出入・番組形式を移植するフォーマット販売など、テレビ研究における「トランスナショナル」に関するデータや研究動向を紹介し、テレビという〈ナショナル・メディア〉の二一世紀における転換点を探ってみたい。

## 第二節　〈ナショナル・メディア〉としてのテレビ

最初に、テレビというメディアの歴史を簡単に振り返ってみよう。「テレビ」というのはテレヴィジョン（television）の略語で、その基本的技術は一九世紀後半から発展し二〇世紀前半に確立した。一九三〇年代には独英で実験放送が始まり、一九四一年にアメリカで白黒テレビ放送が開始されている。日本では、一九四〇年代に実験放送が始まったものの、第二次世界大戦によって中断され、敗戦後の占領期にはGHQによって放送技術研究が禁止されていたため、欧米に比べてテレビ放送の開始が遅れ、ようやく一九五三年にNHKと日本テレビ（どちらも東京局）が放送を開始している。日本においてテレビ放送が開始された一九五三年から数えて「テレビの歴史＊＊年」などといった表現が用いられるが（たとえばNHK放送文化研究所 二〇〇三）、欧米に目を転じればテレビの歴史はそれより少し古い。

放送開始年代はさまざまだが、現在では、世界中ほとんどすべての国々でテレビ放送を見ることができる。その成り立ちは国によって違いがあるものの、基本的に「テレビ」というメディアは国ごとに放送範囲が定められ、地上波の届く範囲で同一放送が受信でき、アメリカやインドネシア、中国など、国土面積の大きな国では、国内各地をネットワークで中継している。シンガポールのように面積が小さな国では受信範囲は狭いが、国内の多様な使用言語に合わせて多言語放送している国もある。また、独裁的な政治体制がしかれた国々では、放送規制が厳しく国営放送のみの場合も珍しくない（NHK放送文化研究所 二〇一七）。このように、テレビというメディアは、国土の広さにかかわらず一国内で統一的に同時・同一放送をおこなっており、その意味で典型的な〈ナショナル・メディア〉といえる。ベネディクト・アンダーソン（一九九七）は、新聞や雑誌が「国民国家」という「想像の共同体」を構成してきたことを指摘したが、二〇世紀後半には、新聞や雑誌はもちろん、テレビこそが国家を「ひとまとまりの単位として想像させる」最強のメディアとなった。

## 第三節　テレビ番組のトランスナショナル①——コンテンツ輸出入の歴史

メディアのグローバル化が著しく進展している現在、〈ナショナル・メディア〉としてのテレビとその番組群はどのように国境を越えているのだろうか。世界中さまざまな国や地域の放送局が日々多くの番組を放送しているが、国際的な輸出入はどの国でもバランスよく均等におこなわれているわけではない。まずは、日本を事例に、コンテンツの輸入と、次いで輸出の状況を確認してみよう。

すでに述べたように、日本におけるテレビ放送は一九五三年に始まったが、初期にはテレビ受像機の家庭への普及はわずかで、街角で群がって見る「街頭テレビ」が人気となり、プロレスや大相撲・クイズ番組などフィルムを必要としない生放送がほとんどだった。日本で初めて外国からの輸入番組が放送されたのは一九五六年『カウボーイGメン』（アメリカ制作、KRTテレビ［＝現在のTBS］放送）だという（乾 一九八八）。一九五〇年代にはアメリカで三〇分フィルムの番組パッケージが大量に制作されるようになり、以降、アメリカのテレビドラマ・シリーズは世界中に輸出されていくのだが、日本はその格好の輸出先の一つだった。

日本において、一九五六年以降の約一〇年間は「外国テレビ番組の全盛期」と呼ばれる。たとえば、一九六一年に国内で放送された外国制作のコンテンツは、月平均五‐六本、年間七二本もあり、その大半は「アメリカの」テレビドラマやミステリー番組だったという（乾 一九九〇）。それらの番組は大人気となり、視聴者はテレビ番組を通じてアメリカの生活様式・価値観・物語形式に大いに慣れ親しんでいった（有馬 二〇〇六）。このような外国制作コンテンツの氾濫状態は、一九七〇年代に国産番組がようやく主流に転じる時代まで続いた。

グローバルな脈絡でみると、放送・映像コンテンツの国境を越えた進出に関して、一九五〇年代から現在に至るまで、世界に対してその圧倒的な輸出量を誇るのはアメリカ合衆国である。図6-1は、二〇一三年における放送コンテンツの海外総輸出額の国際比較であるが、アメリカ約一八四億ドル、イギリス約四四億ドル、フランス約四億ドル、韓国約三億ドルに対して、日本は約二億ドルである（総務省 二〇一五）。昨今では、韓国のテレビドラマや日本のアニメの海外進出の隆盛が盛んに伝えられるが、アメリカの輸出額に比べれば数％にすぎず、依然としてその差は極めて大きいといわざるをえない。

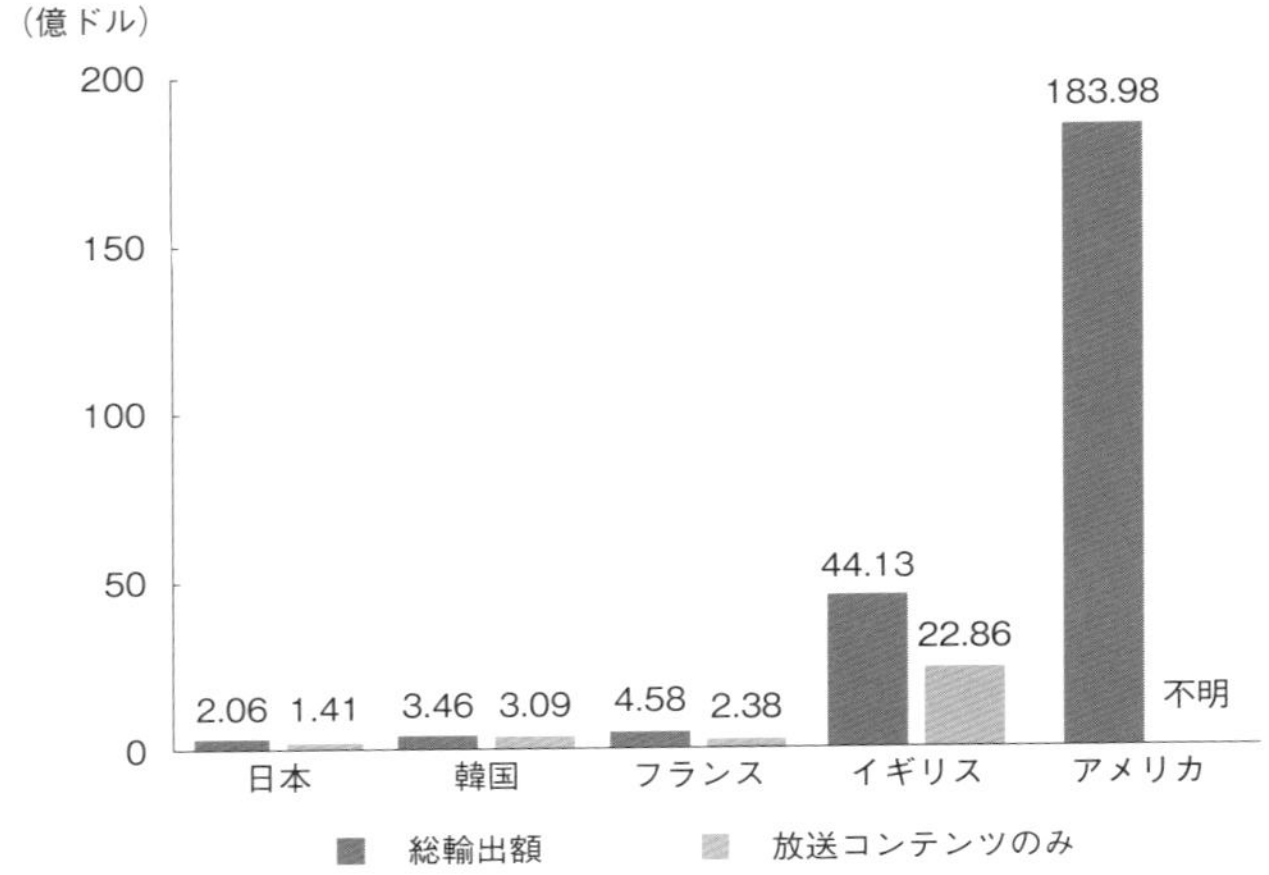


**図 6-1　放送コンテンツの海外展開比較（2013 年）**
（総務省（2015）より筆者作成）

このようなアメリカの圧倒的優位・不均衡な状況に対して、一九六〇年代頃から「文化帝国主義（cultural imperialism）」という概念が登場し、批判的に論じられてきた。ジョン・トムリンソンによれば、「文化帝国主義」とは、典型的には「先住民族がテレビに見入っている写真」に象徴され「土着の文化を犠牲に」し「外国の文化の価値や習慣を高め広める政治力と経済力の効用」という意味で用いられる概念である。しかし、あまりにも広い脈絡で用いられたために、現在ではその定義は拡散しており単純化されて理解される傾向があるという（トムリンソン 一九九三）。

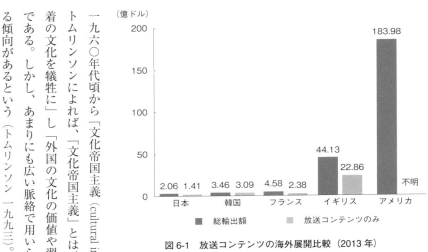

トムリンソン（一九九三）が述べるように、「テレビを見るという行為は簡単に押しつけられるものではない」し、それによって直接的に「価値や習慣を高め広めるような」単純なものではない。にもかかわらず、多くの国々では外国制作コンテンツを文化的脅威と受け止め、「自国の文化と産業を守るため」の番組規制枠（時間制限）が設けられている。たとえば、言語的にも文化的にもアメリカの番組を受け入れやすいカナダでは、国内制作番組の放送比率を六〇％以上と定めているし、自国文化を重要視するフランスでは、ヨーロッパ制作六〇％以上、自国制作四〇％以上としている。ブラジルやアルゼンチンにも同様の規制がある。韓国や台湾、中国などのアジアの国々ではさらに厳しい規制があり、いずれも国内番組制作を支援し外国制作コンテンツの無制限な流入を排除している（NHK放送文化研究所二〇一七）。

日本では、一九七〇年代以降、外国制作コンテンツに大きく依存することはなくなり、前述のような規制は設けられていない。その後の約三〇年間、日本における地上波テレビ放送は大半が国産番組であり、外国コンテンツは全放送時間の五％前後を占めるにすぎないからである（図6-2）。地上波放送に限れば、その状況は現在まで大きく変わっていないが、二〇〇〇年代半ばに起こった韓流（＝韓国テレビドラマ）ブームは、そのような国産コンテンツの独占状態のなかでの「異常事態」だった。そのため、視聴率など実際の数字以上に、好感・反感を含めて大きな社会的反響を巻き起こすことになった（石田ほか二〇〇七）。

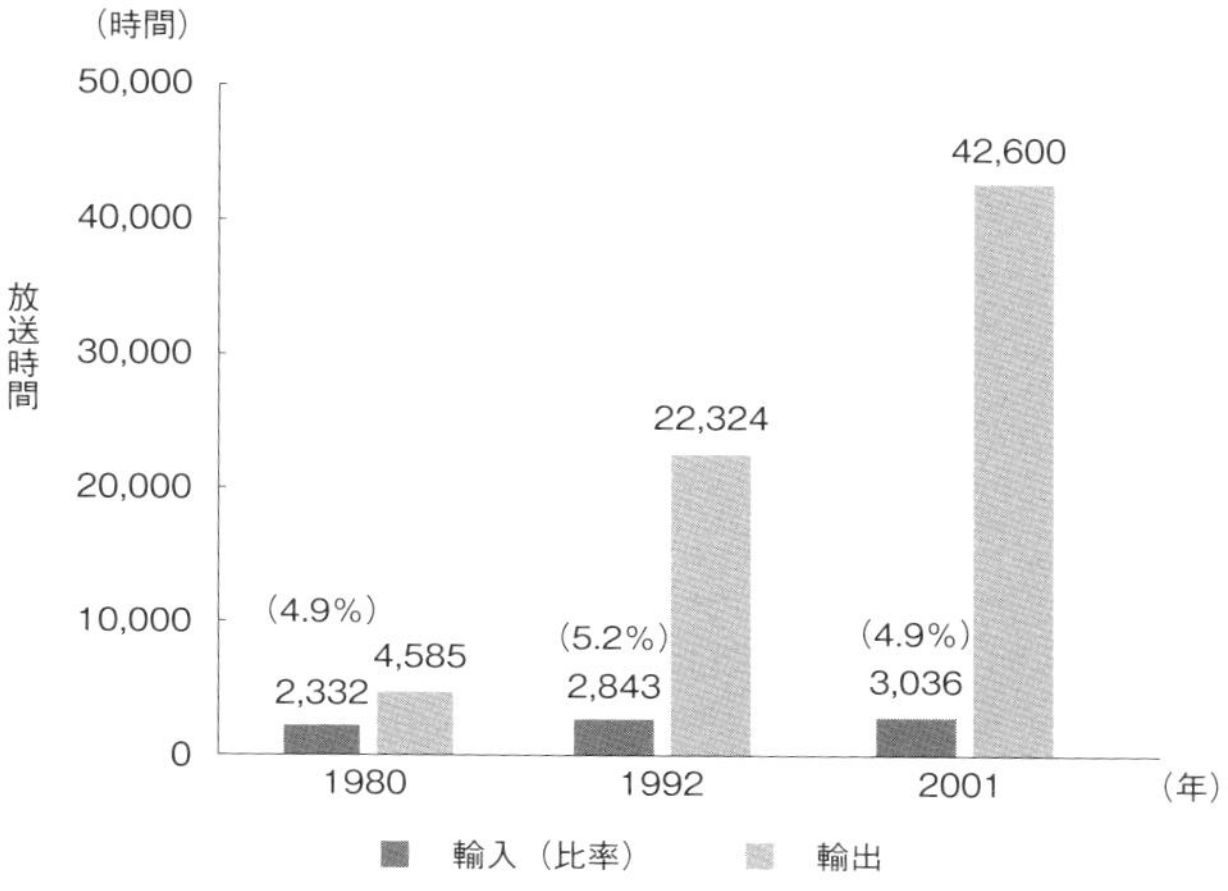


**図6-2　日本のテレビ番組の輸出入バランス**
（原ほか（2004）より筆者作成）

図6-2は、一九八〇年、一九九二年、二〇〇一年の、日本

におけるテレビ番組の輸出入バランスである。約二〇年間を通して、輸入（＝外国制作）コンテンツは横ばいなのに対して、輸出コンテンツ（＝日本のテレビ局制作番組の海外での放送）の総時間数は一〇倍に増えている（原ほか二〇〇四）。

輸出コンテンツは、一九八〇年代を転機に増えていったが、そのきっかけの一つとなったのは『おしん』の成功だったという（大場二〇一七）。NHK連続テレビ小説『おしん』は、一九八三年に放送され、日本国内で最高視聴率六二・九％を記録した大ヒットドラマである。海外における放送は、一九八四年のシンガポールやタイでの放送を皮切りに、世界六八か国で翻訳（吹き替え、または字幕スーパー）され、長期間にわたり多くの国々で人気を博した（NHKアーカイブス二〇〇八）。

一九九〇年代になると、衛星放送の普及が進み、国境を越えたテレビ視聴の傾向がますます強まっていく。図6-2の一九九二年の輸出コンテンツ増加の背景には、香港の衛星放送「スターTV」における日本のドラマやアニメの大量買付がある（大場二〇一七）。スターTVは、一九九一年にサービスを開始し、中東から日本まで三八か国で受信可能な衛星放送で、四つの英語チャンネルと一つの中国語チャンネルを展開している。香港では、一九七〇年代から日本のテレビドラマを翻訳放送し、一九八〇年代には日本の歌番組なども人気を集めていた。その流れを受けて、スターTVは『愛さずにいられない』（日本テレビ）、『東京ラブストーリー』（フジテレビ）など、民放各局から多くのドラマや歌番組を購入して放送し、一九九六年には日本から輸入された番組が中国語チャンネルの二二％を占めるまでに成長したという（大場二〇一七）。

二〇〇一年のデータでは、日本の輸出コンテンツ全体（総時間数）の輸出先の約二分の一がアジアの国々、約三分の一を欧米諸国が占めている。また、輸出ジャンルはアニメーション番組が多く、ドラマやバラエティがそれに次いでいる（表6-1）。「日本製」コンテンツの急速な進出は、「文化帝国主義」や「アメリカナイゼーション」の派生語としての「ジャパナイゼーション」という言葉を生み出し、一九九〇年代のアジアにおいて急速に広がった（五十

**表 6-1　日本の番組の輸出対象国・地域（2001 年）**（原ほか（2004）より筆者作成）

| 順位 | 国・地域 | 番組数 | 主要な番組ジャンル |
|---|---|---|---|
| 1 | 台湾 | 194 | ドラマ・バラエティが増加傾向 |
| 2 | アメリカ | 169 | 日本系テレビ局を除くとほとんどアニメ |
| 3 | 韓国 | 169 | アニメが 70% |
| 4 | 香港 | 91 | ドラマ・バラエティが増加傾向 |
| 5 | シンガポール | 87 | ドラマが 45%を占める |
| 6 | フランス | 79 | アニメが 65% |
| 7 | 中国（香港を除く） | 79 | 国際交流基金による無償提供を含む |
| 8 | タイ | 72 | アニメ・ドラマ・バラエティ |
| 9 | スペイン | 67 | アニメが 76% |
| 10 | イタリア | 66 | アニメが 76% |

嵐一九九八）。なかでもアニメ番組が突出していたために、「ジャパニメーション（＝日本製アニメ）」という言葉はしばしば「暴力的」、「性差別的」など、批判的な脈絡で使用されることもあった。現在では「日本のアニメーションは世界中で人気」という言説が国内で支配的になっているが、九〇年代には逆の受け止めもあったことは留意しておいてよいだろう。

## 第四節　テレビ番組のトランスナショナル②
### ――フォーマット研究の展開

テレビドラマやアニメーションといった番組コンテンツそのものの輸出入という形態は、吹き替えにせよ字幕にせよ、オリジナル作品の国籍性を色濃く残している。それは、人気を博せばその国への憧憬の眼差しを生むが、反感を買えばただちに「文化帝国主義」として批判に晒され、規制によって排除されることにもなる。二〇〇〇年代になると、あからさまな番組の輸出入方式ではなく、「フォーマット販売」と呼ばれる新しいビジネスモデルが存在感を増してきた。すなわち、番組コンテンツそのものを輸出入するのではなく、タイトルやスタジオセット、演出方法など番組形態（＝フォーマット）をセット販売し、国境を越えて、見た目も番組進行もそっくりのクローン番組がそれぞれの国のテレビ局で制作される方式である。大場によれば、フォーマット販売の利点は、各国市場の嗜好の違いを反映させて出演者などを徹底して現地化（ローカライズ）できること、また、制作会社が直接契約販売をおこなうため、一九八〇年代に横行したパクリ番組や番組違法コピーＶＣＤ対策の意味もあるという（大場二〇一七）。

このように、グローバル化、あるいはトランスナショナル時代には、情報のグローバルな流通拡大にともないテレビ番組そのものが国境を越えていき、また、人びとが国境を越えて移動することでテレビの見方も変貌を続けている。本章の主題である「テレビ研究（television studies）」に焦点化するなら、新潮流として、まず「国境を越えてテレビドラマを視聴するオーディエンスの研究」（たとえば、Ang 1985, 吉見二〇〇〇）が出現し、次に「同じフォーマット番組が世界に拡大していく現象を捉える研究」、「各地域でのローカル化番組の比較研究」（television format studies）などが盛んに展開されるようになっている（Moran 2010, Esser et al. 2016 など）。

チャラビ（Chalaby 2011）は、二〇〇〇年代にグローバルな大成功を収めた四つの「スーパー・フォーマット」が出現したと指摘する。すなわち、①クイズ番組『ミリオネア』、②リアリティ番組『サバイバー』、③リアリティ番組『ビッグ・ブラザー』、そして、④オーディション番組『＊＊アイドル』（＊＊には国名や地域名が入る）である。いずれも、世界中にフォーマット販売され、各地で現地化された番組群が放送されている。これらのクローン番組群は、国境を越えて移動し続ける人びとに「グローバル化するテレビ」を実感させ（石田二〇〇三）、国境を越えたテレビの共通の面白さ、関心のありようを印象づけることになった。

テレビコンテンツの国際輸出入における不均衡は消えてなくなったわけではないが、テレビ研究においては「文化帝国主義」というキーワードは後景に退き、それぞれの文化の相対的自立性とオーディエンスの能動的な解釈、テレビメディアの権力関係・相互影響関係を探究する「フォーマット研究」が盛んに展開されるようになっている。同一番組フォーマットの国際比較研究をおこなうことで、クローン番組間の違いが詳細に記述され、それによってそれぞれの国のテレビ制作者たちが何を「自国文化要素」と考えているかが浮き彫りになる（たとえば、平・張二〇一四）。

## 第五節　トランスナショナル時代のテレビ研究――映像配信サービスへの展開

二〇一〇年代になると、若い世代を中心にテレビ視聴時間が減少していることがしばしば話題となってきた。日本においては、一九七〇年代から一貫してテレビは最も利用時間の長いメディアであり続け、全世代の平均では依然として一日三時間を超えていることには変わりがないが、二〇一五年の調査では、一〇-五〇歳代でテレビ視聴時間がそれぞれ三〇分ほど短くなっている。一方、インターネットの利用時間は全世代の平均ではまだ一日三〇分程度にすぎないが、二〇一〇年代以降急激に長くなっており、特に四〇歳以下の世代にその傾向が顕著である（NHK放送文化研究所 二〇一六）。この一〇年間におけるスマートフォンの爆発的な普及にともない、多くの人びとの生活時間が変わりつつあることは誰しも実感するところだろう。

その傾向は、世界規模でもみても同様であり、トランスナショナルな映像視聴のありようをも変化させている。テレビは〈ナショナル・メディア〉であるのに対して、インターネットは〈グローバル〉であると単純に思われがちである。だが、ネット時代には、人びとは本当に〈自由に〉国境を越えて映像コンテンツを視聴できるようになったのだろうか。その答えは残念ながら「否」である。なぜなら、映像コンテンツの多くには作者や制作会社、著作権といった国籍性があり、配信ビジネスや公開範囲にも障壁となる国境があるからだ。たとえば、中国のテレビ放送では、かつて日本のアニメーション番組が子どもたちに大人気となった時代があったが、現在では放送時間が厳しく規制されている（ジェトロ 二〇一五）。それに代わって、中国の若い世代のアニメファンたちは、もっぱら「BiliBili 動画」（中国版ニコニコ動画）などの動画共有サイト経由で好きな作品を視聴するようになっている。しかしながら、それらの動画配信サービスにも国家による検閲や規制が介入していることはユーザ側からは気づかれにくい。

二〇一〇年代の日本の放送コンテンツの海外輸出額についてみると、ここ数年で急速に「インターネット配信権」の額が増大しており、二〇一五年には番組放送権に迫る額となっている（図6-3）。「インターネット配信権」によ

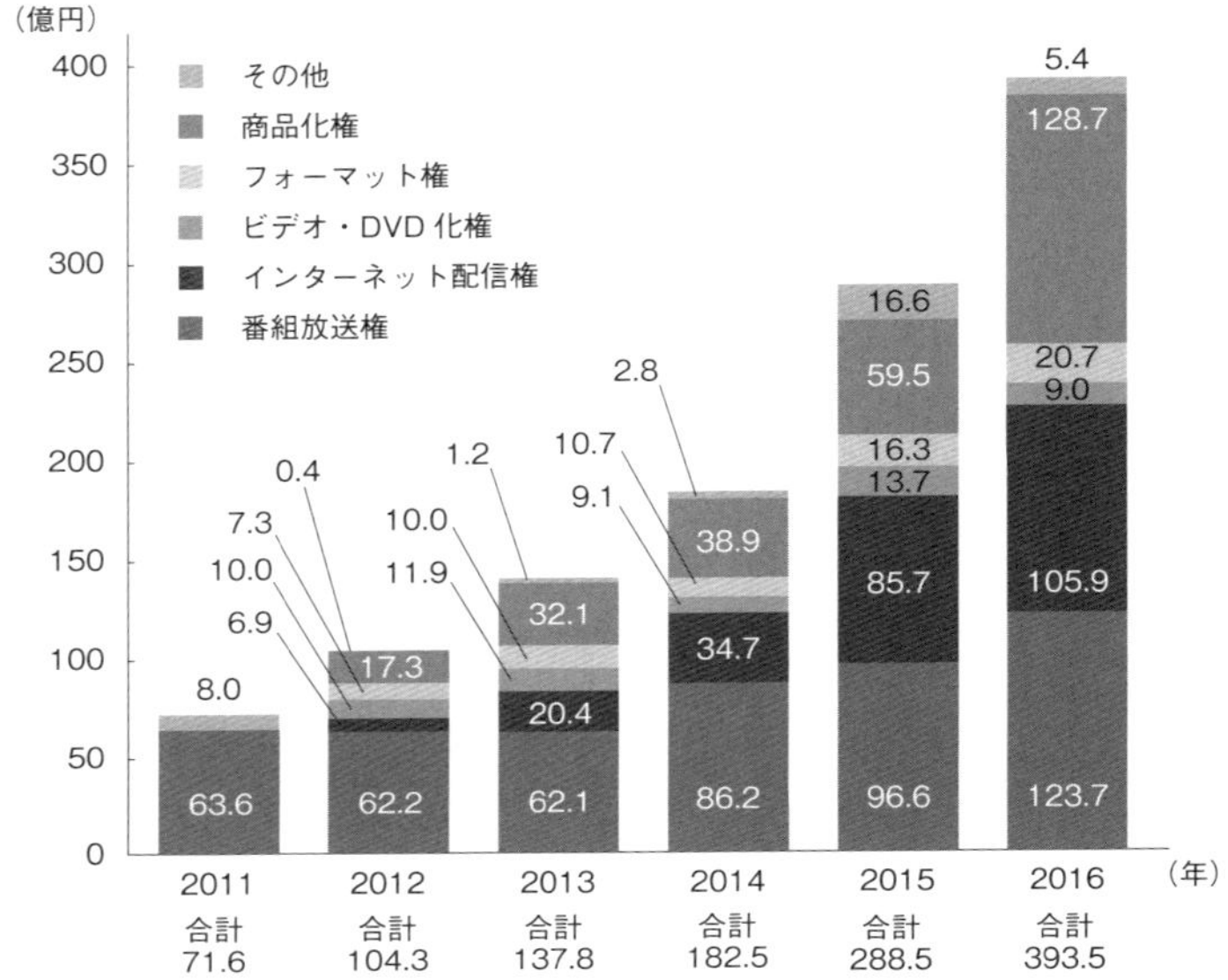


**図 6-3　日本の放送コンテンツの海外輸出額**（総務省情報通信政策研究所（2017），総務省情報流通行政局（2018）より筆者作成）

る収益は、前述の「BiliBili 動画」などが正式契約を結んだ結果として大きく伸びたもので、見る側の媒体がテレビからインターネット配信に移っても、コンテンツ輸出入の観点からは依然として国境は存在し、ビジネスにおける国家間の競争や文化の覇権争いも存在していることを忘れてはならない。

テレビ番組が国境を越えて視聴される傾向は二〇世紀後半を通して拡大の一途をたどってきたが、インターネット時代において、テレビという〈ナショナル・メディア〉はそのありようを変化させ、研究動向としては〈テレビ以後の時代〉とも呼ばれている（伊藤・毛利二〇一四）。「テレビからインターネット（動画共有サイト、映像配信サービス）へ」という視聴傾向の変化は明らかだが、そのコンテンツの流通には〈ナショナル・メディア〉たるテレビ産業、および各国家による規制や経済支援の作用が強く働いている。

日本国内の地上波で放送されているバラエティ番組の多くに「日本スゴイ！」、「日本文化が世界で大人気」といった自己愛、日本文化礼讃の要素が色濃く含まれている時代だからこそ、テレビ番組のトランスナショナルを論じるには、自文化中心的な感覚にひきずられることなく、国際的なコンテンツ輸出入の比較データや数字、経年変化などから客観的に論じる視点が重要なのだ。

## ◉引用・参考文献


有馬哲夫（二〇〇六）『日本テレビとCIA――発掘された「正力ファイル」』新潮社

アンダーソン、B／白石さや・白石 隆［訳］（一九九七）『増補 想像の共同体――ナショナリズムの起源と流行』NTT出版（Anderson, B. (1983). *Imagined communities: Reflections on the origin and spread of nationalism.* London: Verso.）

五十嵐暁郎［編］（一九九八）『変容するアジアと日本――アジア社会に浸透する日本のポピュラーカルチャー』世織書房

石田佐恵子（二〇〇三）「テレビ文化のグローバル化をめぐる二つの位相――クイズ番組ジャンル研究」『思想』九五六、一一四－一三二

石田佐恵子・小川博司［編］（二〇〇三）『クイズ文化の社会学』世界思想社

石田佐恵子・木村 幹・山中千恵［編著］（二〇〇七）『ポスト韓流のメディア社会学』ミネルヴァ書房

伊藤 守・毛利嘉孝［編］（二〇一四）『アフター・テレビジョン・スタディーズ』せりか書房

乾 直明（一九八八）『ザッツTVグラフィティ――外国テレビ映画三五年のすべて』フィルムアート社

乾 直明（一九九〇）『外国テレビフィルム盛衰史』晶文社

岩渕功一（二〇一六）『トランスナショナル・ジャパン――ポピュラー文化がアジアをひらく』岩波書店

NHKアーカイブス（二〇〇八）「連続テレビ小説『おしん』（二）反響編」〈http://www.nhk.or.jp/archives-blog/genre/drama/9785.html#main（最終確認日：二〇一八年七月一三日）〉

NHK放送文化研究所［編］（二〇〇三）『テレビ視聴の五〇年』NHK出版

NHK放送文化研究所（二〇一六）『二〇一五年国民生活時間調査報告書』〈https://www.nhk.or.jp/bunken/research/yoron/20160217_1.html（最終確認日：二〇一八年七月一三日）〉

NHK放送文化研究所［編］（二〇一七）『NHKデータブック世界の放送――テレビ・ラジオ・CATV・衛星 二〇一七』NHK出版

大場吾郎（二〇一七）『テレビ番組海外展開六〇年史――文化交流とコンテンツビジネスの狭間で』人文書院

ジェトロ（二〇一五）「中国のテレビ番組及び映像配信市場調査」日本貿易振興機構（ジェトロ）上海事務所〈https://www.jetro.go.jp/ext_images/_Reports/02/1f66d8225addff/02tv_shanghai6.pdf（最終確認日：二〇一八年七月一三日）〉

総務省（二〇一五）「放送コンテンツの海外展開に関する国際比較」〈http://www.soumu.go.jp/johotsusintokei/whitepaper/ja/h27/html/nc371750.html（最終確認日：二〇一八年七月一三日）〉

総務省情報通信政策研究所（二〇一七）「放送コンテンツの海外展開に関する現状分析（二〇一五年度）」〈http://www.soumu.go.jp/main_content/000477810.pdf（最終確認日：二〇一八年七月一三日）〉

総務省情報流通行政局（二〇一八）「放送コンテンツの海外展開に関する現状分析（二〇一六年度）」〈http://www.soumu.go.jp/menu_news/s-news/01ryutsu04_02000088.html（最終確認日：二〇一八年八月一一日）〉

平　侑子・張　慶在（二〇一四）「児童用テレビ番組から見るテレビ番組「越境」のメカニズム――韓国における「スーパー戦隊シリーズ」の受容を中心に」『国際広報メディア・観光学ジャーナル』一八、四九‐六八

トムリンソン、J／片岡　信［訳］（一九九三）『文化帝国主義』青土社（Tomlinson, J. (1991). *Cultural imperialism: A critical introduction*. London: Continuum.）

長友　淳［編］（二〇一七）『グローバル化時代の文化・社会を学ぶ――文化人類学／社会学の新しい基礎教養』世界思想社

原由美子・川竹和夫・杉山明子（二〇〇四）「日本のテレビ番組の国際性――テレビ番組国際フロー調査結果から」『ＮＨＫ放送文化研究所年報』四八、二一四‐二五〇

吉見俊哉［編］（二〇〇〇）『メディア・スタディーズ』せりか書房

Ang, I. (1985). *Watching Dallas: Soap opera and the melodramatic imagination*. London: Methuen.

Chalaby, J. (2011). The making of an entertainment revolution: How the TV format trade became a global industry. *European Journal of Communication*, *26*(4), 293–309.

Esser, A., Bernal-Merino, M. Á., & Smith, I. R. (eds.) (2016). *Media across borders: Localizing TV, film and video games*. New York: Routledge.

Moran, A. (ed.) (2010). *TV formats worldwide: Localizing global programs*. Bristol: Intellect.

# 第七章　アニメーションのインターテクスチュアリティ

小池隆太

## 第一節　はじめに

アニメーションに限った話ではないが、現代の日本のメディア環境において、個々の作品に関しての評価や感想の一部に「引用」、「オマージュ」、「パロディ」、あるいは「盗用」、「パクリ」という語が批評を専門とする者だけではなく一般にも散見されるようになっている。インターネットの普及にともなって、従来であれば簡単に参照されることのなかったような作品相互の類似性や類縁性あるいは「模倣」の関係が、より明確に理解されるようになった、ということであろう。

そもそも日本におけるポピュラーカルチャーは日本独自に発展してきたかのように捉えられているかもしれないが（それは「クールジャパン」という呼称に端的に表れている）、実際にはさまざまな異文化の「越境」によって複合的に織り上げられた文化である。そうした「越境」をめぐっては、たとえばいわゆる海賊版という商業上の問題や、著作権やオリジナリティといった法的な観点から言及されることが多いが、本章では作品間の相互参照性を「創造的な営為」の一環として捉えることでみえてくるものを、アニメーションの分野で考えてみたい。

具体的には、アニメーションの分野における作品間の相互参照性、すなわち「インターテクスチュアリティ」の例を取り上げ、アニメーションに特有の「インターテクスチュアリティ」の様態を分析することで、当該分野において「インターテクスチュアリティ」がもたらすものが何であるかを考察する。

## 第二節　インターテクスチュアリティの概念について

インターテクスチュアリティ（英：intertextuality／仏：intertextualité）とは、フランスの思想家ジュリア・クリステヴァの提唱した概念で、テクストの相互の影響関係を示す用語である。日本語では「相互テクスト性」、「間テクスト性」と訳されることもあるが、本章では英語のカタカナ表記とする。

前節ではインターテクスチュアリティを「作品間の相互参照性」と述べたが、批評理論においてはしばしば「作品」という代わりに「テクスト（仏：texte）」という術語・概念が用いられる。「作品」概念と「テクスト」概念を明確に区分したのはフランスの記号学者であるロラン・バルトである。バルトは、作者という創造者の意図によって成立しているとされてきた「作品」を、読者の解釈において積極的に読み取られるもの、新たに意味を付与されるものとして捉え、そうした意味生成をともなう読みの対象を「テクスト」と呼ぶ（バルト 一九七九）。「テクスト」という概念に内包されているのは、作者の手になる「作品」というものが、そもそも何らかの文化や社会においては「引用」の織物（textile）として構成されているものであり、この点において作者とその作品はいったん分離して考えなければならないという考え方である。

「テクスト」というと言語によって書かれたものを前提とするように思われるかもしれないが、アニメーションや映画などの映像作品や写真、マンガなどの画像を「テクスト」として考えることも可能である。イタリアの記号学者で作家でもあるウンベルト・エーコは、造形芸術・視覚芸術・音楽を含めた芸術作品全般について、「解釈者によって美的に享受されるその瞬間に完成される開かれた作品として提示される」（エーコ 一九八四：三六）と述べ、芸術作品が作者による一義的な意図ではなく、読者による解釈の自由のもとに開かれており、芸術作品に関するコミュニケーションが情報量の増大をもたらしていることを主張した。

クリステヴァは、これらのテクスト概念に加え、ロシア（旧ソ連）の哲学者、ミハイル・バフチンの「対話（ダイアローグ）」、「ポリフォニー」、「カーニヴァル」といった概念を援用し、小説における登場人物の声の他者性や複数性（＝多声性）、あるいはカーニヴァルの「笑い」における権力からの自由などの考え方を思想的に継承することで、インターテクスチュアリティの概念を練り上げた。クリステヴァは、「どのようなテクストもさまざまな引用のモザイクとして形成され、テクストはすべて、もうひとつの別なテクストの吸収と変形にほかならない」（クリステヴァ 一九八三：六一）と述べ、「書く主体」、「その受け手」、「外部のテクスト」という三つの間主観的次元を「インターテクスチュアリティ」という概念として統合した。これまで作られてきたあらゆるテクストは、これから作られるであろうあらゆるテクストとの関係性のもとに成立しており、それらのテクストは受け手の解釈のみならず、文化・歴史・社会というコンテクストにおいても開かれている、というラディカルな思想である。

インターテクスチュアリティは私たちがアニメーション作品を鑑賞する際にも適用可能な思考の枠組みである。もちろん伝記的な意味での作家論や製作／制作にまつわるさまざまの資料群を無視してもよいわけではない。むしろ、それら「外部」をもテクストとして含め、テクストとしてのアニメーションをテクスト相互の関係性（＝インターテクスチュアリティ）によって解釈しようという試みは、アニメーションのみならず、ポピュラーカルチャーの研究全般においても今日では一般的に見受けられる。それでは、アニメーションの分野におけるインターテクスチュアリティにはどのような例が見受けられるだろうか。

## 第三節　アニメーションにおけるインターテクスチュアリティの四つの様態

国や文化を越えた作品の「翻案」としては、たとえば米国の西部劇『荒野の七人』（ジョン・スタージェス監督、一九六〇年）が、日本映画『七人の侍』（黒澤明監督、一九五四年）をもとに製作されたことが知られている。舞台・時代背景は異なるが、ともに盗賊（野武士）による略奪に苦しむ農民の村に雇われたガンマン（侍）が、やがて協力して戦うというストーリーの骨子は同じであり、これはわかりやすいインターテクスチュアリティの例である[1]。また、田中芳樹のSF小説『銀河英雄伝説』（一九八二年）には、イゼルローン要塞という惑星大の宇宙要塞が登場するが、これは米国のSF映画『スター・ウォーズ』（ジョージ・ルーカス監督、一九七七年）の宇宙要塞「デス・スター」から着想を得ていることは明らかである。特にSFやファンタジーのジャンルにおいては、ロボットや宇宙船のワープ航法、あるいは魔法やドラゴンなど、ジャンルにおける共通理解ともいうべき設定が存在しているが、これもインターテクスチュアリティの例といえるだろう[2]。

それでは、インターテクスチュアリティの概念をアニメーションのジャンルにおいて適用するとき、アニメーションに特有のインターテクスチュアリティにはどのようなものがあるだろうか。本章では、アニメーションにおけるインターテクスチュアリティを次の四つの様態において分類したい。

①図像的インターテクスチュアリティ：作中で用いられる映像・図像において、視覚的な類似や対照関係がみられるもの。
②物語構造的インターテクスチュアリティ：物語の構造において翻案や引用がみられるもの。
③比喩的インターテクスチュアリティ：比喩的関係において類似や引用・参照がみられるもの。
④技巧的インターテクスチュアリティ：アニメーションの技術において借用や引用がみられるもの。

もちろんこの四つの区分にあてはまらないもの（例：音楽の借用）もあるだろうが、本章ではあくまでも「アニメーション」という表現に特有のインターテクスチュアリティを前提としたい。

第一に、図像的インターテクスチュアリティは、それぞれのテクストを知っていれば視覚的にそれとわかるかたちで対照がなされる場合が多い。例として『新世紀エヴァンゲリオン』のTV版（一九九五年放送）第九話「瞬間、心、重ねて」の序盤において、エヴァンゲリオン初号機が使徒に敗北を喫したときの画像をあげよう（図7-1）。

これだけをみると、エヴァンゲリオン初号機が頭から海に突っ込んだ状態、作品中の登場人物の言葉を借りれば「無様」な状態にすぎない。しかし、TV版『新世紀エヴァンゲリオン』がオープニングのクレジット表記や日本語タイトル表記において、市川崑監督がかつての自身の映画作品で使用した文字表記をわざと真似していること、そして市川監督の代表的な作品を知っていれば、この映像が同監督の一九七六年の映画『犬神家の一族』からの図像的インターテクスチュアリティであることが容易にみてとれるはずである（図7-2）。

このように図像的な類縁関係を想起させるようなインターテクスチュアリティを「図像的インターテクスチュアリティ」と定義する。この場合は、日本のアニメーションから映画への視覚的な類縁関係にもとづく参照がおこなわれているが、視覚的な類縁関係は、アニメーションのインターテクスチュアリティとして数多くみることができる。

たとえば、『美少女戦士セーラームーン』（一九九二年アニメ放送開始）は、セーラー服を着た美少女戦士たちが太陽系の惑星と月をモチーフに変身・活躍するアニメ作品だが、セーラー戦士それぞれに「色」が割り当てられており、

［1］黒澤映画からの翻案としてはほかに『隠し砦の三悪人』（一九五八年）と『スター・ウォーズ』（ジョージ・ルーカス監督、一九七七年）との関係もよく知られている。

［2］大橋（二〇一五）によると、それまで一部のファンにのみ知られていた「剣と魔法の世界」を描いた中世ヨーロッパ風ヒロイック・ファンタジーの隆盛は、『ドラゴンクエスト』や『ファイナルファンタジー』などのコンピュータRPGの流行が背景にあったとのことである。

図 7-1　『新世紀エヴァンゲリオン』の一場面
（ニュータイプ編集部 1996：53）

図 7-2　『犬神家の一族』の一場面
（筧ほか 2007：8）

この色の割り当ては『おジャ魔女どれみ』（一九九九年）、『魔法少女まどか☆マギカ』（二〇一一年）、『キラキラ☆プリキュアアラモード』（二〇一七年）にもみられる図像的インターテクスチュアリティの一種といえる（おそらくは特撮戦隊ものが由来になっていると思われる）。

次に視覚的な類縁関係ではなく、物語の内容やストーリー、プロットの相似によるインターテクスチュアリティについてみてみよう。先述の『七人の侍』、『荒野の七人』の翻案の関係も、映画における物語構造的インターテクスチュアリティということができる。松本零士原作によるアニメ『銀河鉄道９９９』（一九七八年アニメ放送開始）が、宮沢賢治の小説『銀河鉄道の夜』（一九三四年初出）から着想を得ていることは広く知られているが、物語構造の相似というよりは「銀河鉄道」というガジェットの借用と考える方がよいかもしれない。米林昌宏監督のアニメ『思い出のマーニー』（二〇一四年）は、ジョーン・G・ロビンソンによる同名の児童文学作品を原作としているが、原作がイギリスのノーフォーク地方を舞台にしているのに対し、アニメ版は日本の北海道へと舞台を移し、それにともなって登場人物の名前の変更や建物の変更（原作の風車をアニメ版ではサイロに置き換えている）などがおこなわれており、トランスナショナルなインターテクスチュアリティとして、国や文化の差異を反映させたものとなっている。[3] このような原作とアニメ作品との関係は、やはり物語構造的インターテクスチュアリティの一種とみなすことができるが、特に日本の場合、『アルプスの少女ハイジ』（一九七四年）や『母をたずねて三千里』（一九七六年）など海外の文学作品からの翻案も多く、日本への「移植」にともなうトランスナショナルなインターテクスチュアリティのあり方は、異文化理解の観点からも注目されるべきであろう。また逆に日本のアニメ作品から海外の映画へのインターテクスチュアリティの例としては、『攻殻機動隊』（劇場版アニメ一九九五年）と『マトリックス』（一九九九年）の物語上の影響関係を指摘することが可能であり、仮に物語構造が一致していなくても、（ＳＦやファンタジーの分野においてみられるような）設定や世界観を参照するようなインターテクスチュアリティもこの物語構造的インターテクスチュアリティに含めてよいだろう。

さらに、一見すると物語構造的インターテクスチュアリティに類似しているが異なるインターテクスチュアリティとして、比喩的関係によるインターテクスチュアリティの様態も指摘しておきたい。物語構造の場合は、ストーリーやプロット、あるいは設定や世界観などの参照関係であるが、この比喩的インターテクスチュアリティの場合は、物語中の「要素」とその比喩的な参照、あるいはテクストの受け手による比喩的解釈が重視される。

たとえば、ディズニーの『ピノキオ』（一九五二年）は、童話を原作とする劇場アニメ作品であり、子どもの似姿として作られたピノキオの冒険物語となっている。この子どもの似姿としての「人形」を「ロボット」という形で比喩的に参照しているのが、手塚治虫の『鉄腕アトム』（一九六三年アニメ放送開始）だといえる。『鉄腕アトム』は、一九五一年の手塚治虫の『アトム大使』に端を発する作品であるが、『ピノキオ』と一致している点に、息子の代わりとして制作されたことをあげることができ、この点は物語構造的インターテクスチュアリティといえる。しかし、テクストとしてこの両作品を観察するとき、「人形」、「ロボット」が「人間の似姿」ではあるが「人間そのもの」ではないという点に「人間」という存在の本質を問いかける「比喩」としての機能が与えられていることがうかがえる。

［3］ちなみに物語構造上も児童文学から劇場アニメへの翻案にともなう「構造の変換」がおこなわれている。詳細は、小池（二〇一四）を参照のこと。

そして、このことは物語構造に由来するものではなく、むしろテクストの受け手の解釈によって読み取られるものである。

このようにテクストの受け手の解釈において「比喩」として捉えられるようなものを比喩的インターテクスチュアリティと捉えたいが、比喩は国や地域、社会・文化によっても大きく異なるため、むしろ作品の作り手の意図に反した受け手の「読み」（あるいは「深読み」、「誤解」）となることもあるだろう。

第四の、アニメーションの技術の借用や引用、参照関係である技巧的インターテクスチュアリティの例として、ロシアのアニメーション作家、ユーリ・ノルシュテインの宮崎駿への影響をあげることができる。ノルシュテインはもっぱらセルロイドの切り絵を用いて短編アニメーションを制作していた作家であり、作品としては『霧につつまれたハリネズミ』（一九七五年）などで知られているが、この切り絵によるアニメーションの技法は宮崎駿監督作品では『風の谷のナウシカ』（一九八四年）の「王蟲」や『ハウルの動く城』（二〇〇四年）の「城」などにオマージュとしてみることが可能である。

## 第四節　宮崎駿監督作品にみるトランスナショナルなインターテクスチュアリティ

前節でアニメーションにおけるインターテクスチュアリティの四つの様態を概説したが、最後に国を越えた（トランスナショナルな）インターテクスチュアリティの例として、宮崎駿監督の『ルパン三世 カリオストロの城』（一九七九年、以下、『カリオストロの城』）をみておこう。

まず『カリオストロの城』は、モーリス・ルブランの小説『ルパン』シリーズをモチーフとした、モンキー・パンチによるマンガ『ルパン三世』とそのテレビアニメシリーズの劇場版第二作として作られた作品である。[4]『ルパン三世』自体が、ルブランの怪盗ルパンシリーズの日本への翻案となっているわけだが、『カリオストロの城』についていうと、宮崎駿はルブランの『緑の目の令嬢』（一九二七年）と、明治の小説家・黒岩涙香の『幽霊塔』（一八九九-一九〇〇年）からストーリーを発想したと述べている[5]（アニメージュ編集部 一九八三：一三四-一三五）。『カリオストロの城』は、物語構造的インターテクスチュアリティの観点からすれば、まさしくバルトが述べた「引用の織物」として成立している。

図像的インターテクスチュアリティとしては、城の「塔」を挙げることができる。図7-3は、『カリオストロの城』のワンシーンであるが、ここでクラリスが閉じ込められている塔は、ポール・グリモーの『やぶにらみの暴君』（一九五二年）からの借用であると思われる（図7-4）。叶（二〇〇六）によれば、「舞台の高低差」、「上から下へ方向性を持たせる」という設定を参考にしたようだが、図像的インターテクスチュアリティからもこの類縁関係がみてとれる。

**図 7-3　『カリオストロの城』の一場面**
（モンキー・パンチ・宮崎 1981：112）

**図 7-4　『やぶにらみの暴君』の一場面**
（高畑 2007：131）

そして、この『やぶにらみの暴君』（『王と鳥』）とのインターテクスチュアリティから、ある

[4]『カリオストロの城』の制作過程については、叶（二〇〇六：八-一三）に詳しい。

[5] 叶（二〇〇六：一六-一八）には両作品の詳細と『カリオストロの城』とのストーリー上の類似点も詳細に書かれている。

[6] さらに、この『やぶにらみの暴君』（『王と鳥』）との関係からは、宮崎駿演出によるテレビアニメ『未来少年コナン』（一九七八年）とのインターテクスチュアリティ、「地下居住区」（図像的）、「民衆の解放」（物語構造的）、「ギガント」＝「巨人」＝「世界の破壊」（比喩的）というインターテクスチュアリティをそれぞれ指摘することができる。

比喩的インターテクスチュアリティを導くことができる。『カリオストロの城』では伯爵のオートジャイロを奪って、ルパンはクラリスを「誘拐」、脱出しようと試みるが、『やぶにらみの暴君』においては、城と塔を自由に行き交うことのできる「鳥」が、「自由」の象徴として表される。「オートジャイロ」による「飛行」が、花嫁が閉じ込められた塔からの脱出、すなわち「自由」の比喩的インターテクスチュアリティとなっているのである。[6]

## 第五節　結びにかえて

本章では、アニメーションに特有のインターテクスチュアリティとして四つの様態を提示した。アニメーションにおいては、図像的類似における蓋然性の高い関係性を指摘できるが、それ以外にも「物語構造」や「比喩」としてのインターテクスチュアリティがそこから新たに導き出せるということも示唆しておきたい。また、本章では十分に触れることはできなかったが、アニメーションは集団制作による技術的蓄積の賜物であり、先人の技術へのオマージュが数多く見受けられることも最後に述べておきたい。インターテクスチュアリティは、国や地域、社会・文化といったコンテクストに依存しながら、同時にそれらを超越したテクストとしての作品を豊かにみせてくれるものとして、意識されるべきものである。アニメーションは単一の文化や国において単線的に発展した分野ではなく、むしろ複線的なコンテクストを「越境」によって内側に織り込んでいきながらその豊饒な世界を生成してきた分野なのである。

### ◉引用・参考文献

アニメージュ編集部（一九八三）『あれから四年……――クラリス回想』徳間書店
エーコ、U／篠原資明・和田忠彦［訳］（一九八四）『開かれた作品』青土社（Eco, U. (1980). *Opera aperta*. Milano: Bompiani.）

大橋崇行（二〇一五）「メディアの横断と物語の変容」メディア・アート国際化推進委員会［編］『ニッポンのマンガ＊アニメ＊ゲーム from 1989』国書刊行会、三四二―三四三頁
筧　芳貞・坂井直人・坂井由人・住谷　剛・廣澤吉泰・松田孝宏・吉田親司・山田誠二（二〇〇七）「僕たちの好きな金田一耕助」『別冊宝島』一三七五
叶　精二（二〇〇六）『宮崎駿全書』フィルムアート社
クリステヴァ、J／原田邦夫［訳］（一九八三）『セメイオチケ1　記号の解体学』せりか書房（Kristeva, J.（1969）. *Σημειωτική: Recherches pour une sémanalyse*. Paris: Éditions du Seuil.）
小池隆太（二〇一四）「米林宏昌『思い出のマーニー』における物語構造の変換について」『山形県立米沢女子短期大学紀要』五〇、九五―一〇二
高畑　勲（二〇〇七）『漫画映画（アニメーション）の志――『やぶにらみの暴君』と『王と鳥』』岩波書店
ニュータイプ編集部（一九九六）『新世紀エヴァンゲリオンフィルムブック 三』角川書店
バフチン、M／川端香男里［訳］（一九九五）『フランソワ・ラブレーの作品と中世・ルネッサンスの民衆文化』せりか書房
バルト、R／花輪　光［訳］（一九七九）「作品からテクストへ」『物語の構造分析』みすず書房、九一―一〇五頁
モンキー・パンチ［原作］／宮崎　駿［演出］（一九八一）『ルパン三世　カリオストロの城（二）改訂版』双葉社

# 第八章　過圧縮ポップの誕生

## 「ジャンルの混在」と「八九秒の制約」から生まれた日本独自のポップミュージック形式

柴　那典

### 第一節　はじめに――「過圧縮ポップ」とは

二〇〇〇年代から二〇一〇年代にかけて、日本に新しいポップミュージックの様式が生まれている。アメリカやイギリスで広まったジャンルを取り入れるのでも、日本の伝統的な音楽的様式に則るのでもなく、独自の音楽的な形態をもったユニークな曲調のポップソングが増えている。特にアニメやアイドルソング、ビジュアル系、ボーカロイドの領域でそれが顕著だ。

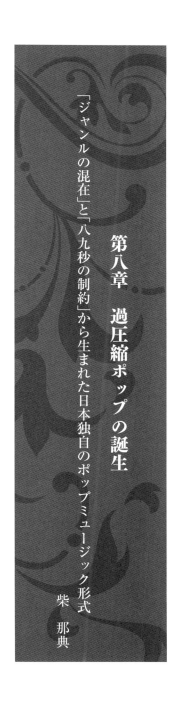

その特徴は、曲展開がめまぐるしく移り変わること。テンポが速く、短い時間内に多くの要素を詰め込んだ構成となっている。一曲のなかにメロディやリズムや、音色のパターンやアイデアが多種多様に盛り込まれている。さらにはリズムチェンジや転調が頻繁に組み込まれているものも多い。

日本の音楽はアメリカの音楽より、もっとすごくコンプレックス（複雑）です。インプレッシブ（印象的）なメロディーと、コードチェンジ、キーチェンジ、たくさんアイデアがある。アメリカの音楽は少しシンプル、繰り返す、ちょっとつまらない。日本の音楽が、私に自由をくれます。[1]

ロックバンド、ウィーザーのフロントマンであるリバース・クオモは、ウェブサイト『CINRA』のインタビューにて日本のポピュラー音楽の特徴を聞かれ、こう説明している。

ウィーザーは一九九〇年代にロサンゼルスで結成され、当時のアメリカのオルタナティブロック／パワーポップのシーンを牽引したバンドだ。そのヴォーカル／ギター担当であるリバース・クオモは、熊本県出身の日本人女性と結婚したことをきっかけに日本のポピュラー音楽を聴く機会が増え、愛好するようになったという。彼はロックバンド、アリスターの活動を経て同じく日本のポピュラー音楽に興味をもつようになったスコット・マーフィーとともに、ユニット「スコット&リバース」を結成し、全曲日本語のアルバムをリリースしている。

それでは、彼が「アメリカの音楽より、もっとすごくコンプレックス（複雑）です」と語る日本のポピュラー音楽とは、どういうものか。めまぐるしい曲展開をもち、多くの要素を詰め込んだことで、結果的に高密度な情報量をもつようになった二〇〇〇年代以降の日本のポップソングを、筆者は「過圧縮ポップ」と名づけ、その由来を探っていこうと思う。

## 第二節　BABYMETALと「ジャンルの混在」

もしBABYMETALがアメリカのバンドだったら、賭けてもいいが、一笑に付されて終わりだ。しかしそこには日本のエンタテインメントの、単に滑稽だとかバカバカしいと切って捨てるわけにはいかない、真にユニークな何かがある。[2]

英『ガーディアン』誌に掲載された記事にて、カルチャー誌『ビザール』の編集者スティーブン・ドルトリーは、こう語っている。少女の歌声と本格的なヘヴィメタルとハードコア・サウンドが両立するBABYMETALの音楽は、二〇一〇年代中盤にアメリカやヨーロッパのメタルファンを中心に大きなセンセーションを巻き起こした。彼女たちの存在は、本章のテーマである「過圧縮ポップ」の一つの象徴だ。

BABYMETALが巻き起こしている現象の特徴は、海外在住の日本ファン、「カワイイ」カルチャーと称される日本のポップカルチャーのファンというよりも、むしろコアなメタルファンが盛り上がっているということだ。

きっかけとなったのは海外フェスの出演だった。二〇一四年夏、BABYMETALはイギリスにてメタリカがヘッドライナーを務める世界最大級のメタルフェス「ソニスフィア・フェスティバルＵＫ」に初出演した。そこで見せた圧倒的なパフォーマンスが同地のファンの度肝を抜いたのである。プロデューサーのKOBAMETALは後日におこなわれたインタビューで、当時をこう振り返っている。

セッティングしてるときは全然人がいなかったんですけど、一曲目が始まったらぞろぞろ集まってきて、気がついたら全部埋まってて。びっくりしましたね。主催の人もいってましたけど、BABYMETALは実質二番目で、昼の一二時からこんなに埋まってるのは初めてだって。その年のソニスフィアのベストアクトのトップ一〇にも選ばれて。いや、あれは本当びっくりでした。[3]

［1］http://www.cinra.net/interview/2013/03/19/000001.php（最終確認日：二〇一八年四月二日）
［2］http://www.theguardian.com/music/2014/nov/07/-sp-babymetal-interview-japanese-metal-pop（最終確認日：二〇一八年四月二日）
［3］『音楽主義』二〇一五年一・二月号。

単なる話題性ではなく、あくまで現場でみせたライブパフォーマンスの説得力が、BABYMETALのブレイクの原動力となった。そしてその背景には、「ギミチョコ‼」（同年二月にYouTubeで公開されたデビューアルバムからのリード曲）のミュージックビデオが現地のメタルファンの間で話題を呼んでいたこともあった。

「ギミチョコ‼」の作曲を手がけたのは上田剛士。かつてザ・マッド・カプセル・マーケッツのメンバーとして活躍したキャリアの持ち主で、バンド時代にも海外進出を果たしている。一九九九年にアルバム『OSC-DIS』をイギリスやヨーロッパ各国でリリースし、二〇〇二年にはイギリスでおこなわれたメタルフェス「オズフェスト」に出演するなど、高い評価を集めた。

上田はザ・マッド・カプセル・マーケッツ時代のインタビューで「自分の音楽の作り方はブロックを組み合わせるような作業」と語っている。[4] まるでブロックを組み合わせるかのように、さまざまなジャンルの音楽を足し算して融合させる発想が、そのユニークな音楽性のもとにある。

彼らがデビューした一九九〇年代は、レッド・ホット・チリ・ペッパーズやレイジ・アゲインスト・ザ・マシーンなどアメリカのオルタナティブ・ロックやラップ・メタルのバンドたちが、「ミクスチャー・ロック」という和製英語を用いた独自の呼称で日本に紹介された時期にあたる。

一九九〇年代にこの言葉が広まったことは、日本の後続のミュージシャンたちにも大きな影響を与えることとなった。彼らは「ミクスチャー・ロック」を拡大解釈した。単にファンクやヒップホップの要素を取り入れたメタルのスタイルとは捉えず、さまざまなジャンルやスタイルの音楽を果敢に「ミクスチャー」することこそがかっこいい、クールだという美学を感じ取った。

二〇〇〇年代には、さらにさまざまな音楽の要素をミックスさせたハードコア・バンドが一躍人気を得ることとなる。その代表が、二〇〇五年にアルバム『ロッキンポ殺し』でデビューした東京・八王子出身の四人組、マキシマムザ ホルモンだ。

彼らの曲は、パンク・ロックやハードコア、スクリーモを基本にしながら、一曲のなかでめまぐるしく展開が変化する曲調を大きな特徴とする。ボーカルスタイルについても、シャウトやスクリーム、ラップ、キュートな女性ボーカルなど、さまざまな歌声が一曲のなかに混在する。こうした音楽性について、すべての楽曲を手がけるマキシマムザ亮君は the GazettE のＲＵＫＩとの対談でこう語っている。

僕、好きな音楽が雑食で。各国のハードコアや各種メタル、レゲエ、メロコア、ファンクに昭和のアイドル歌謡曲や八〇年代アニソンまで。〔…〕好きな音楽に罪はねぇ！って思いながらやりたい要素を全部やっちゃう！っていうのが、ホルモンなのかなって思います。[5]

二〇〇二年に「ネオビジュアル系」の旗手としてデビューした the GazettE も、海外に巨大な支持を広げるバンドである。二〇〇六年から海外でのライブを始めて人気を広げていき、二〇一三年にはヨーロッパと南米の計七か国九公演、二〇一六年にはアメリカ初上陸を含む計一一か国一六公演のワールドツアーも実現した。

彼らもマキシマム ザ ホルモンと同じく、さまざまなジャンルの音楽を「折衷」ではなく「合体」させ、「混在」させることによって新たなサウンドを生み出しているバンドといえよう。特に初期の the GazettE の音楽性は、X JAPAN やラルク・アン・シエルなどビジュアル系シーンの先達からの影響を「足し算」で組み合わせ、結果として、雑多な要素が一曲のなかに詰め込まれるような曲調が特徴となった。ＲＵＫＩは当時のインタビューでこう語っている――「the GazettE っていうのは。いろんなものをドッキングさせて意味わかんないのをやっている」[6]。

［4］『ロッキング・オン・ジャパン』二〇〇一年八月号。
［5］http://www.tsutaya.co.jp/tty_cate/music/va/201309/ruki_02.html（最終確認日：二〇一八年四月二日）

ももいろクローバーZ（当時はももいろクローバー名義）のデビュー曲『行くぜっ！ 怪盗少女』や『ミライボウル』などの楽曲を手がけた作曲家、前山田健一も、こうした雑食的な発想の持ち主だといえる。「ヒャダイン」という名義でゲームのBGMをアレンジし、自作の詞で歌った曲をネットに投稿していたことから脚光を浴び、それをきっかけに注目を集めたミュージシャンでもある前山田は、自分の作風についてこう語っている。

小学生の頃に、遊びの時間としてゲーム音楽やアニメの曲やCMやドラマの主題歌を自分でアレンジしてメドレーで弾いていたんです。一曲の中にぐしゃまぜにする感覚はその頃からあったのかもしれない。[7]

上田剛士は「ブロックを組み合わせるような作業」といい、マキシマムザ亮君は「やりたい要素を全部やっちゃう」、RUKIは「いろんなものをドッキングさせて意味わかんないのをやっている」、前山田健一は「一曲の中にぐしゃまぜにする感覚」という。それぞれの音楽性や活躍するフィールドは違うが、「ジャンルの混在」という点で、同じ志向性をもった作り手と位置づけることができるだろう。

他方で、BABYMETALもまた「ジャンルの混在」という手法を意識的に導入している。そのグループの楽曲制作であるが、プロデューサーのKOBAMETALが上田剛士などの多彩な作曲家やアレンジャーに発注し、緻密に音を作り込んで楽曲を制作していく。特徴的なポイントとしては、「メロディック・スピード・メタル」や「ブラックメタル」や「メタルコア」など、ヘヴィメタルというジャンル内に存在するいくつものサブジャンルを曲ごとに表現し、ときには一曲のなかに同居させているということである。ミクスチャー、すなわち「ジャンルの混在」という志向性こそが「過圧縮ポップ」をめぐる潮流の背景にはある。

## 第三節　アニメソングと「八九秒の制約」

前述したように、さまざまなジャンルの音楽を「折衷」ではなく「合体」させ、「混在」させることによって、新たな音楽性を生み出そうとする作り手たちの発想が「過圧縮ポップ」の起源にはある。そして、もう一つの由来として、以下では「時間の制約」についても言及しておきたい。特に、それはアニメソングにおいて顕著だといえる。

アニメの主題歌は、曲の長さが決まっている。放送枠が三〇分のアニメにおいては、CMと本編を差し引くと、オープニングテーマとエンディングテーマに割ける時間は九〇秒ずつとなる。しかも曲の最初と最後に〇・五秒ずつ「ノンモン」と呼ばれる無音の時間を設けるため、テレビサイズの主題歌の長さは八九秒と決まっている。

アニメソングを手がける作曲家の多くは、この八九秒という時間枠を意識して楽曲を制作することになる。制作進行の都合もあり、最初に八九秒のテレビサイズを作り、その後にシングルCDとしてリリースされるフルサイズの楽曲を作るようなことも多い。たとえば『ドラゴンボール』をはじめ数多くのアニメソングを手がける作曲家の田中公平は、ブログのなかで以下のように記述している。

> 八九秒でそのアニメを表現する、と言うのがクセ者でして、なかなか難しい技が必要なのです。短いようでもあり、長過ぎないような微妙なタイム。内容の詰め込み過ぎもツーマッチだし、中身が希薄なのも物足りない。しかし、一度聴いたら耳に残るインパクトがあり、中毒性も兼ね備え驚きのある展開が聴衆を良い意味で裏切る、そんなTVサイズである事。それが求められます。そしてその上に、TVサイズで全て正体が分かってしまうと、

［6］『CDでーた』二〇〇九年八月号。
［7］『UTB』二〇一一年一二月号。

以後に発売されるであろうフルサイズのCDなどの売り上げも延びない事も多々あります。ですので、フルサイズでは、TVサイズを聴いただけでは分からないさらなる裏切りと、驚きの展開が必要になります。そんなこんなを、全て考えてから、作曲に取りかかります。
だから、私の下書きの譜面は、テンポと秒数、小節数の計算をするので音譜よりも、計算式の数字の方が多いような変な状態になる事もしばしばです。[8]

こうしてアニメソングの分野では、八九秒という短い時間に「驚きのある展開」を詰め込むような曲作りをする土壌が形成されたわけである。

その潮流の象徴となったのが、二〇〇七年に発表されたアニメ『らき☆すた』のオープニングテーマ『もってけ！セーラーふく』である。ラップを意欲的に取り入れたこの曲はテンポが速く、曲中でも展開がめまぐるしく変化する。作曲家の神前暁は作詞家の畑亜貴との対談のなかでこの曲に言及し、「ミクスチャーロックを意識した」と語っている。[9]その神前が「本当にいろいろ詰め込んで、全編サビのような曲だと思いました」[10]と絶賛したのが、アニメ『けものフレンズ』のオープニングテーマであり、曲構成に大きな特徴が認められる『ようこそジャパリパークへ』である。

一九六〇年代のロック以降、英語圏のポピュラー音楽の多くは「ヴァース・コーラス形式」によって成り立っている。それは曲の最も盛り上がる主題の部分を「コーラス」、冒頭からそこに至るまでのメロディを「ヴァース」として、「ヴァース→コーラス→ヴァース」と繰り返す展開である。たとえばザ・ビートルズの『レット・イット・ビー』は次のような構成をそなえている。

イントロ→ヴァース→コーラス→ヴァース→コーラス→間奏→コーラス

他方、日本のポピュラー音楽では「ヴァース」、「コーラス」という言葉はあまり使われず、「Aメロ」、「Bメロ」、「サビ」という区分が一般的である。Aメロがヴァース、サビがコーラスに相当する。曲の最後に「大サビ」と称される新しいメロディが挿入されることも多いが、ともあれ数多くのJ-POPにおいては次のような構成が使われる。

イントロ↓Aメロ↓Bメロ↓サビ↓間奏↓Aメロ↓Bメロ↓サビ（↓大サビ）

これに対して『けものフレンズ』の主題歌『ようこそジャパリパークへ』であるが、そのテレビサイズ八九秒の構成は次のようになっている。

SE↓サビ↓イントロ↓Aメロ↓Bメロ↓サビ↓Cメロ↓大サビ

なお、これをもとに作成されたフルサイズ（三分二四秒）の曲は、次のような構成になっている。

SE↓サビ↓イントロ↓Aメロ↓Bメロ↓サビ↓Cメロ↓間奏↓Aメロ↓Bメロ↓サビ↓Cメロ↓間奏（セリフ）↓Dメロ↓サビ↓Cメロ↓大サビ

［8］https://ameblo.jp/kenokun/entry-11984601490.html（最終確認日：二〇一八年四月二日）
［9］『DTM MAGAZINE』二〇〇七年一二月号。
［10］『関ジャム――完全燃ＳＨＯＷ』二〇一七年五月八日放送。
［11］http://www.nexus-web.net/interview/hyadain/（最終確認日：二〇一八年四月二日〈二〇一八年九月一四日現在、アクセス不可〉）

これらを比べてみると、この曲は「Aメロ」、「Bメロ」、「サビ」に加え、「Cメロ」や「Dメロ」や「大サビ」など、構成要素が多いことが特徴になっている。繰り返しをあまり用いず、次々と曲中に新しいパートが表れることで聴き手を飽きさせないような構成になっているといえる。

このような傾向は『ようこそジャパリパークへ』に限ったことではない。こうした構成要素の過多性は二〇〇〇年代から二〇一〇年代にかけて、日本のアニメソングの特徴となっている。前山田はその理由について、「アニメソングにおいては、テレビで流れる尺が八九秒なので、そこにどれだけ情報量を詰め込めるかというのが重要になってくるので。展開を目まぐるしたら八九秒が潤沢になる。そういうのもあると思ってますね」と指摘している。[11] ともあれ以上の議論から考えても、「八九秒の制約」がアニメソングの様式に与えた影響は少なくないといえるだろう。

## 第四節　結びにかえて

一曲のなかにジェットコースターのようなめまぐるしい展開をもつ——情報量が多く、メロディや曲展開が細密化、複雑化した楽曲が人気を博している。これは英米を中心とした海外のポピュラー音楽の主流にはみられない傾向である。

いわば「過圧縮ポップ」ともいうべき、新たなジャンルが生まれているのだ。それが二〇〇〇年代から二〇一〇年代の日本のポピュラー音楽における一つの特徴といってよいだろう。

# 第Ⅲ部

## 「歴史」から考える
## トランスナショナル・コミュニケーション

# 第九章　若者たちは何を夢見たのか

## ファッションの創造力

成実弘至

## 第一節　はじめに

日本のファッションは歴史的にみて過去三回、世界に影響を与えている。

一回目は江戸末期から明治にかけて、日本が外貨を獲得するために工芸品を輸出したときである。西欧にジャポニズム・ブームが起こり、多くのキモノが海を渡った。当時のパリ・オートクチュールのデザイナーたちはその装飾や構造から大きな刺激を受けたという（深井 一九九四）。

二回目は一九七〇-八〇年代、日本の前衛デザイナーが欧米に進出、その独自の美学が物議を醸したときである。特に三宅一生、川久保玲（コムデギャルソン）、山本耀司らは既成概念を打ち破る作品によって、西洋モードの価値観に大きな革新をもたらすことになった。

そして三回目が、二〇世紀末から二一世紀初め、日本のアニメ、ゲームなどポピュラー文化が海外の若者から高く評価されるようになった時期である。「クールジャパン」の惹句が踊り、原宿ファッション、ロリータ、女子高制服、コスプレが注目され、欧米やアジアにもそのフォロワーが広がった。

ここで注目したいのは第三の事例だ。前二回が職業的な制作者によって創造された工芸やモードであったのに対して、後者は路上の若者たちの服装、ストリートファッションであった。いわば普通の若者の服装がそのユニークさによって国際的な反響を呼び起こしたわけである。それは日本のポピュラー文化史の画期といってもよい。

では、日本のストリートファッションはどこがそれほど独創的だったのだろうか。もともと洋装は欧米からの輸入品である。和服を着ていた日本人が洋服を受容するようになったのは明治以降、日常生活の主流になるのは戦後からのことにすぎない。それ以来、いかにして独自の服装文化が成長したのだろうか。

本章の目的は東京の街に登場した若者風俗の変遷をたどり、その経緯について考えることにある。若者たちはファッションに何を求め、何を表現してきたのか。ここでは戦後を①アメリカン・ドリームの時代（一九四五‐一九六〇年代）、②ハイブリッド・ニッポンの時代（一九七〇‐一九八〇年代）、③リアル／コスプレの時代（一九九〇‐二〇一〇年代）、大きく三つの時代に分けてみていくことにしよう。この区分は戦後史の心性の基調色を「現実」の反対語によって特徴づけた見田宗介の時代区分、すなわち「理想の時代‐夢の時代‐虚構の時代」、およびそれをアレンジした大澤真幸の区分「理想の時代‐虚構の時代‐不可能性の時代」を参考にしている（見田 二〇〇六、大澤 二〇〇八）。若者のファッションにおいても現実とは異なる世界が志向され、表現されてきたのだ。[1]

## 第二節　アメリカン・ドリームの時代（一九四五‐一九六〇年代）

敗戦から戦後の混乱期を経て、高度経済成長によって奇跡的な復興を遂げたこの時代、路上にはさまざまな異装の若者「族」カルチャーが出現した。

戦後まもなく登場したのはパンパン、アプレ族（アプレゲール）といった非行青少年たちである。彼らには敗戦ゆえに売春や犯罪に手を染めたという負い目、陰のようなものがある反面、アメリカンファッションをいち早く身にまとい、自己誇示をするような晴れがましいところもあった。

一九五〇年代半ば、戦後復興が進むとともに若者たちが力をもつようになり、一九五五年以後には湘南で太陽族が脚光を浴びた。石原慎太郎のベストセラー小説『太陽の季節』（一九五五年）とそれに続く太陽族映画の公開によって、戦後の刹那的で物質主義的な風潮を体現するような若者たちが街や海岸に出現し、大人たちから批判された。

一九五〇年代半ばから後半にかけてはマンボ族、ロカビリー族のような流行のラテン音楽にのってダンスに興じることやアメリカ経由のロカビリー歌手のファンたちが話題になった。さらにモータリゼーションによりバイクが若者たちの手に届くようになると、カミナリ族というバイカーたちが都心を危険走行し、顰蹙をかっている。

一九六〇年代は前半と後半に分けられる。前半は六本木族、みゆき族、原宿族という東京の街や街路から命名されたトライブが話題になった時代、後半はフーテン族、アングラ族などのカウンターカルチャーの時代である。前半の男子のスタイルには、当時台頭してきた既製服ブランドVANが先導する「アイビー」（アメリカのエリート大学アイビーリーグの学生の普段着）、JUNに代表される「コンチ（＝コンチネンタル）」（イギリスやフランスのヨーロッパ風スタイル）の二つの派閥があり、いずれもフォーマルさや清潔感を感じさせた。しかし後半はアメリカ発のサブカルチャー、ヒッピーの影響を受けて長髪、ジーンズ、民族調アイテムなどのドレスダウンが流行し、服飾美学としてはまったく逆方向に振れていく。

このように、戦後から高度成長期まで、若者ファッションはアメリカから大きな影響を受けていることがわかる。もちろん、それは若者に限ったことではない。進駐軍の統治下に置かれていた敗戦下の街を闊歩する米兵たち、雑誌、映画、テレビを通して流される豊かなアメリカ式生活様式のイメージを、多くの日本人は憧れをもって仰ぎみてい

［1］紙幅の関係上、各若者ファッションを詳細に解説することはできないので、詳しくは馬渕（一九八九）、アクロス編集室（一九九五）、難波（二〇〇七）、渡辺（二〇一六）などを参照していただきたい。

た。パンパンの女性たちは当時あまり手に入らないアメリカの服装や化粧品を闇市やPX[2]（post exchange）などから入手して着飾っていたし、アプレ族のなかには、「オーミステイク事件」の犯人の青年のようにカタコトの英語を話し、ハーフのように振る舞っていた者もいた。

若者たちが集った盛り場、銀座、六本木、原宿、湘南なども、米軍の基地や関係者の居住地が近かったり、各国大使館が点在したりするエリアであったため、外国人顧客のためのショップ、カフェ、レストランもできて、欧米、とりわけアメリカとのつながりの強い場所であった（吉見 二〇〇七）。

若者たちはこれらのカフェやバー、クラブにたむろしたり、流行の音楽にのってダンスをしたりして、異国の雰囲気を楽しんだのである。六〇年代後半の新宿にも風月堂など名物喫茶店があり、アメリカ人ヒッピーがやってきた。まだ海外旅行も制限されており（海外渡航自由化は一九六四年）、外国の情報は雑誌やテレビなどで知るしかなかった当時において、都市の盛り場はアメリカに直接触れることのできる貴重な場所であった。

また一九六〇年代は既製服が発達し、洋服は洋裁店・紳士服店で作ってもらうものから購入するものへと変化し、ファッションが身近なものになっていく。特に石津謙介率いるブランドVANは、台頭しつつあった若者市場に着眼した商品企画がヒットして急成長、銀座御幸《みゆき》通りの店舗周辺にはみゆき族が群れをなした。VANはアイビーリーグのカジュアルウエアを教科書（正統）として提示、アメリカ文化を商品化し、日本の男性ファッションを構築していった。

若者たちはアメリカに夢を求め、服装にも積極的にその文化を取り入れた。それはアメリカに憧れ、アメリカ人になりたいという直截な欲望の表れであり、同時に過去の日本、それを代表する大人たちへのアンチテーゼでもあった。以前は「鬼畜」と罵っていたアメリカに、戦争が終わるや手のひらを返したように媚びへつらう大人たちの態度は、若者たちに深い不信感や軽蔑心を抱かせた。彼らのアメリカへの同一化は、アメリカに隷従する大人たちへの反抗でもあったといえる。遠藤薫はサブカルチャーの受容において、若者－大人－アメリカという三重の関係性を認めて「三層モラルコンフリクト」と呼び、グローバルな文化の対抗関係を指摘している（遠藤 二〇〇七）。

この時代の服装は階層、学歴、貧富、都会／地方、山の手／下町の差が大きく、流行も階層の上から下へと伝播していく、トリクルダウン状態にあったことも忘れるべきではない。若者ファッションも東京を中心とする大都市の中上流層が優位にあり、厳然としたヒエラルキーが存在したのである。

## 第三節　ハイブリッド・ニッポンの時代（一九七〇-一九八〇年代）

高度成長のピークを演出した大阪万博が開催された一九七〇年以降、日本経済はオイルショック、ドルショックにより低成長期を迎えるが、その後順調に回復し、一九八〇年代後半には地価高騰によるバブル景気が到来した。経済的に安定したこの時期、社会の中流化が進み、また本格的な消費社会が到来することで、人々のライフスタイルは均質化していく。そのなかで若者向けメディア（雑誌、ラジオ、音楽など）やブランドが盛んになり、若者ファッションも急速に成長していった。

一九七〇年創刊の『an-an』は日本初のファッション雑誌といわれ、国内の若いデザイナーの服を積極的に紹介し、後続誌『non-no』とともに女性たちから支持された。これらが特集した地方の観光ガイド記事も人気となり、当時の国鉄（現ＪＲ）が展開していた国内旅行キャンペーン「ディスカバージャパン」とともに、女性たちに旅行ブームを巻き起こしている。個性的なおしゃれをして京都や鎌倉など古都を訪れる女性たちはアンノン族と呼ばれた。

一九七〇年代中頃から後半には、女性たちにトラッドファッションを基調とするニュートラ、ハマトラのブームが起こる。それを先導したのが『ＪＪ』である。欧米や横浜のブランドファッションを軸としたコンサバティブなスタ

［2］ＰＸとは、戦後アメリカ進駐軍が自国の兵士や家族のために開設した売店のこと。アメリカの日用品などが販売されたが、日本人は立入禁止であり、購入するためには兵士との個人的なつながりが必要だった。

イルは男性の視線を意識したもので、のちの赤文字系雑誌による「モテ」重視ファッションの元祖にあたるものであった。

男性誌としては『POPEYE』が創刊され、アメリカの若者文化を積極的に紹介し、サーフィンやスケートボードなどのスポーツ文化を日本でも流行らせた。『POPEYE』、『メンズクラブ』といった雑誌はVANが先鞭をつけたアメトラ路線を継承しつつ、それまで運動や登山に限られていたスニーカー、パーカー、ダウンジャケットなどのスポーツウエアを街着として普及させていく。

一九八〇年代になると、七〇年代のデザイナーたちのブランドが成長し、DC（デザイナーズ&キャラクターズ）ブランドブームが起こる。これらのブランドはそれぞれの多彩な個性を競い、シーズンごとに新しいデザインを発表、その華やかさに若者たちは幻惑された。

こうした雑誌系ファッションとは一線を画したのが、同時期にストリートを賑わせた暴走族、フィフティーズ、竹の子族などの不良少年グループのスタイルであった。とりわけ一九七〇年代に社会現象となった暴走族は、リーゼント、革ジャンなどアメリカの不良青年のスタイルをベースに、日本の学ランや特攻服、改造バイクなどの折衷的なスタイルを作り上げている。

この時期の若者ファッションは、引き続き欧米を受容しながら、独自の表現を模索し始めている。懸命に経済成長を求めてアメリカ式生活を手中にした結果、欧米コンプレックスが多少なりとも緩和され、これまでみていなかった足もと（＝日本）に目が向いていったことが一因だろう。

アンノン族を生み出すきっかけとなったキャンペーン「ディスカバージャパン」の語義は「日本発見」だが、これも西洋的価値観を内面化し、そこから日本をエキゾティックなものとして対置させることで、初めて「発見する」というまなざしが可能になる。またニュートラ、ハマトラの「トラディショナル」も本来伝統を意味するが、ここで暗示されている伝統とはディオールやグッチなどのヨーロッパブランド、横浜の老舗店のことである。彼女たちにとっての伝統は日本の歴史ではなく、近代化なりアメリカナイゼーションが深化（完成とまではいわないが）した〈ジャパン〉にもとづいたものだったのだ。

ファッションデザイナーの創作にも、この時期は欧米と日本との融合の試みがみられた。たとえば、高田賢三、山本寛斎、三宅一生のような若いデザイナーたちが一九七〇年代に「西洋と日本との出会い」というテーマを立てて、アヴァンギャルドなファッションを生み出したことなどはその一例だろう（三宅 一九七八）。またDCブランドのデザインも無国籍風の折衷様式が多かった。

それはストリート上では暴走族のスタイルに顕著に表れている。暴走族はアメリカ文化（リーゼント、パンチパーマ、バイク、革ジャン）、日本文化（日の丸や日章旗、刺繍）、労働者文化（ドカジャン、特攻服＝つなぎ服）、ヤンキー文化（学ラン）などを組み合わせた和洋の折衷様式だった。

当時の若者たちはまだ欧米への憧れをもっていたが、それを正典として崇拝するというより、自分たちの日常のなかでローカライズすることで、自己のアイデンティティを改めてみつめ直したのだった。それらは雑誌などのメディアを通して全国に普及し、広く共有されることになる。

この時期は中流化や消費社会化が進むことで、ある程度の物質的な豊かさは実現できるようになり、階層上昇の欲望や山の手への憧れも希薄化していく。社会が均質化することで、逆に他人との差異化願望が強まったのであり、若者ファッションでも個性的なブランドが求められた時代だった。

## 第四節　リアル／コスプレの時代（一九九〇-二〇一〇年代）

一九九〇年代前半のバブル崩壊から、日本経済は「失われた一〇年（または二〇年）」とのちに呼ばれることになる長い不況期に入り、それは現在まで続いている。政治や経済が激動し、大きな災害にも見舞われたこの時期、ニート、派遣、非正規社員など、若い世代をとりまく環境は悪化し、二〇〇〇年代以降は若者の消費離れが指摘されるようになった。

この時期の若者ファッションには二つの方向がみられる。一つには一九七〇年代以降さまざまなファッションが提示されたことで、全般的に若者たちのファッションの感度が上がり、おしゃれの一般化、リアル志向がみられるようになったことである。たとえば、一九八〇年代末に登場した渋カジは、アメリカンカジュアルをベースに、さまざまなアイテムをコーディネートしていた。彼らはブランドから押しつけられた個性ではなく、自らのセンスで選び、着こなすことに長けた世代の出現を物語っている。その結果、シンプルで定番的なアイテムを着こなすことがトレンドとなり、それらを充実させたセレクトショップが全国に店舗を増やしていく。

一九九〇年代の若者風俗として目立ったのはコギャルである。放課後に渋谷などの盛り場で遊ぶ女子高生たちがその中心だったが、ファッションだけでなく、ケータイやポケベルなどの情報通信機器を使いこなし、ブルセラ、援助交際などのモラルパニックを引き起こすなど、流行の主役として社会に大きな影響を与えた。

一九九〇年代後半には、裏原（裏原宿）ブランドなどストリートブランドも人気となる。これらはパンク、グランジ、スケーターなどの英米ストリートカルチャーをベースに独自のアレンジを加えたデザインを特徴にしていた。またDCの流れに近い個性派インディーズブランドも一部のファンから支持されるようになっていた。

もう一つの傾向としては、コスプレのような非日常ファッションの台頭がある。もともとマンガやアニメのオタク、ビジュアル系バンドのファンは会場でコスプレを楽しんでいたが、こうしたコスチュームに近い服装が原宿、表参道、秋葉原などのストリートに登場するようになる。この時期に登場したロリータ、ゴス、ゴスロリも、平凡な日常からかけ離れた虚構の世界に同一化しようとしたサブカルチャーであった。

ヤンキー文化の側から非日常的ファッションに呼応したものとして、二〇〇〇年前後に登場したガングロをあげておこう。これはコギャルのファッションから出発したが、一部の女性たちが目立つためにどんどん過激化していき、茶髪・白髪、派手なメイク、ミニスカート、厚底ブーツ、肌を真っ黒にしたガングロへと進化（？）したものである。彼女たちはその異様な風体のため、ヤマンバ、マンバなどと揶揄された。若い女性がするには極めて不自然なものであり、ほとんどコスプレに近いような格好だったが、この時期のストリートのサブカルチャーとして注目を集めた。

一九九〇-二〇〇〇年代にかけて、若者ファッションの中心地として存在感を主張したのは原宿であった。この時期、街にはコギャル、ガングロ、ロリータ、ゴスロリ、ストリートカジュアル、コスプレ風ファッションなどをまとったティーンが集まり、『FRUiTS』に代表されるストリート雑誌が彼らの写真を数多く撮影した。こうした雑誌はプロのカメラマンやモデルによるファッション写真ではなく、路上の若者のリアルなポートレイトであるストリートスナップを前面に打ち出している。ファッションの規範はもはやアメリカでも、雑誌やデザイナー、ブランドでもなく、普通の若者たち、ストリートのプチカリスマに求められるようになったのである。

原宿のストリートファッションがメディアを通して海外に紹介されると、クールジャパン現象とも相まって、外国の好奇心を大いに刺激した。コスプレじみた服装の若者たちが公共空間をぞろぞろ闊歩するなどというのは、他国の大都市では考えにくいことだからだ。それは消費社会が高度に発達した日本の、とりわけ東京のような場所だからこそ成立しえた現象なのである。

この時代にリアルとコスプレというまったく正反対の傾向が出現するのにはいくつか理由があるが、若い世代がバブル崩壊以降の経済不況、格差社会、学級崩壊、いじめなどの問題に直面し、虚構のなかに居場所を見出そうとする心理が生まれたことも大きかっただろう。[3]

［3］土井隆義（二〇〇八）は二〇〇〇年初頭の青少年たちの生きづらさを、同年代の友人とのコミュニケーションの重さにあると分析し、「ともだち地獄」と名づけた。また大澤真幸（二〇〇八）は、一九九五年以降、若者たちが現実的には成り立ちがたいものへと没入していく傾向があると指摘し、「不可能性の時代」として論じている。

やがて二一世紀が進むにつれて、安価なファストファッションが市場を席巻するようになり、服装もあまり個性的ではないシンプルなリアルクローズが注目されるようになった。若者たちはもはや目立ったファッションをしたり、自己表現をしたりしなくなったようにもみえる。しかし、その一方で、コスプレ自体はより一般的な遊びとなり、ハロウィンのときにはコスプレをして街に繰り出したりするように、非日常な世界への憧れがなくなったわけでは決してない。

## 第五節　結びにかえて

本章では戦後の若者ファッションの変遷を、①アメリカを理想にした時代、②新しい日本のアンデンティティを求めた時代、③現実と虚構とが二分化した時代、の三つの段階から分析した。若者たちは現実とは異なるところにあるはずの「本当の自分」を求めるものであり、ファッションでもそれを追求している。ストリートファッションとは若者たちが「こんな自分になりたい」という欲望の表現なのである。彼／彼女らは欧米、とりわけアメリカと日本をめぐるトランスナショナルな想像力を駆使しながら、それを実現してきた。これからの若者たちはファッションを通して、どんな自分を夢見るのだろうか。

### ◉引用・参考文献

アクロス編集室［編］（一九九五）『ストリートファッション――一九四五-一九九五――若者スタイルの五〇年史』ＰＡＲＣＯ出版
遠藤　薫［編］（二〇〇七）『グローバリゼーションと文化変容――音楽、ファッション、労働からみる世界』世界思想社
大澤真幸（二〇〇八）『不可能性の時代』岩波書店

土井隆義（二〇〇八）『友だち地獄――「空気を読む」世代のサバイバル』筑摩書房
難波功士（二〇〇七）『族の系譜学――ユース・サブカルチャーズの戦後史』青弓社
深井晃子（一九九四）『ジャポニスム イン ファッション――海を渡ったキモノ』平凡社
馬渕公介（一九八九）『「族」たちの戦後史』三省堂
見田宗介（二〇〇六）『社会学入門――人間と社会の未来』岩波書店
三宅一生（一九七八）『三宅一生の発想と展開――Issey Miyake east meets west』平凡社
吉見俊哉（二〇〇七）『親米と反米――戦後日本の政治的無意識』岩波書店
渡辺明日香（二〇一六）『東京ファッションクロニクル』青幻舎

# 第一〇章　文化外交としての宝塚歌劇

## 海外公演をめぐって

北村　卓

### 第一節　はじめに

二〇一四（平成二六）年に創立一〇〇周年を迎えた宝塚歌劇団は、これまで数多くの海外公演を実施してきた。劇団側の資料には「二〇名以上の出演者が参加した公演は、通算で二五回、一八か国、延べ一二九か所」（『宝塚歌劇一〇〇年史——虹の橋渡り続けて 舞台編』二〇一四：三三〇）とある。そして二〇一八年一〇-一一月には三度目の台湾公演が台北と高雄でおこなわれる。これらの海外公演は、親善使節団として日本政府から支援を受けておこなう場合はもちろんだが、劇団が独自に企画したケースでも、外交的な色彩を帯びていることが多い。したがって、宝塚の海外公演を考察する場合には、公演時の国際状況や公演先の国との歴史的な関係、あるいは日本の対外政策など、さまざまな角度から検討する必要がある。こうした視野のもとに、戦前から現代に至る宝塚歌劇海外公演の展開を捉えたい。なお本章では、文化外交という語を「ソフト・パワーである文化活動をとおして、国際社会における国のブランド力を強化し、そのイメージを高めること」という意味合いで用いている（小倉 二〇一三、渡辺 二〇一一）。

## 第二節　戦前期の海外公演（一九三八―一九四四年）

宝塚歌劇団による最初の海外公演は、一九三八年一〇月から翌三九年三月にかけ、「日独伊親善使節」として、ドイツ、イタリア、ポーランドの二六都市を巡演した「第一回ヨーロッパ公演」である（当時は宝塚少女歌劇団）。これは一九三七年一一月に締結された「日独伊三国防共協定」（一九四〇年九月には「日独伊三国同盟」となる）を背景とする極めて政治色の濃いものであった。[1] このときには、天津乙女、奈良美也子をはじめ三〇名が参加している。演目は、『紅葉狩』、『三番叟』、『五人道成寺』、『曾我兄弟』、『鏡獅子』など、すべてが歌舞伎や日本舞踊をもとにした日本物となっていた。伝統的で穏やかな美こそが、当時のヨーロッパの友好国に対して宝塚がみせようとした日本のイメージであった。

次に宝塚歌劇団がおこなった海外公演は、第二次世界大戦直前の一九三九年四月から七月にかけて、小夜福子、三浦時子ら四〇名が参加した第一回アメリカ公演であり、ホノルルとアメリカ本土九か所を巡演している。演目は、やはり日本物が中心である。さらにその後、日本の傀儡政権だった満洲や当時日本の統治下にあった朝鮮半島にも軍隊、軍属や移住者たちへの慰問というかたちで足をのばしているが、演目はすべて日本物である。一方国内の上演では、それとは対照的に、『軍艦旗』（一九四二年）、『翼の女子挺身隊』（一九四四年）など、戦意高揚を目指す演目が目立つようになる。外地と内地では明らかに異なるイメージ戦略が用いられていたことになるが、もちろんこれは当時の国策を反映したものである。

## 第三節　平和国家日本へ（一九五〇年代）

一九五二年に主権を回復してからの日本外交の基本姿勢は、第一にかつての軍国主義的なイメージを拭い去り、平和民主国家のイメージへと転換することにあった。そこで重要視されたのは、日本の伝統文化である。一口に伝統文化といっても、武士道精神など戦時を想起させる類のものではなく、桜や富士、茶道など、穏やかな和のイメージが強調された。それを象徴するのが一九六〇年に国際文化振興会（国際交流基金の前身）の援助で実現した歌舞伎のアメリカ公演である。

大戦後、宝塚歌劇はいち早く大劇場を再開し（一九四六年四月）、一九五一年には公職追放を受けていた小林一三が宝塚音楽学校校長に復帰した。そして海外公演も、一九五五年の第一回ハワイ公演（その後五六年、五七年、六六年、八五年にも訪問）を振り出しに、一九五九年には大規模なカナダ・アメリカ公演（ニューヨークなど三一都市）を敢行している。演目は和のイメージを前面に押し出す構成となっており、当時の日本の外交政策に沿うものとなっている。

## 第四節　高度経済成長を背景に（一九六〇年代）

戦後初のヨーロッパ公演は、一九六五年の九月から一〇月にかけてパリのアルハンブラ劇場でおこなわれ、スタッフ一一名、女優五二名が参加する大規模なものとなった。

演目の第一部は伝統的な日本スタイルのショーだが、第二部は Les Rythmes Du Monde: Takarazuka（「世界のリズム——宝塚」）というフランス語タイトルのレビューであった。宝塚歌劇海外公演の歴史のなかで、このとき初めて洋物が演じられたのである。しかも宝塚歌劇が目指してきたレビューの本場、パリにおいてである。ここには戦後の荒廃から再び立ち上がり、自信を取り戻した日本の姿も同時に透けてみえる。そしてこれ以降の海外公演において、日本物・洋物のセット演目がスタンダードとなる。

［1］本公演については岩淵（二〇〇四）に詳しい。

このパリ公演前年の一九六四年には、戦後日本の驚異的な経済成長の象徴ともいえる東京オリンピックが開催され、それにともない道路や鉄道などインフラも整備された。また国際通貨基金（ＩＭＦ）の八条国へと移行し、円が交換可能な通貨として認められ、日本人の海外渡航も自由となった。本公演が実施された一九六五年には、日本航空（以下、ＪＡＬ）が海外への初のパッケージツアー「ＪＡＬパック」を開設する。なかでもヨーロッパコースはその目玉であった。ＪＡＬは宝塚歌劇と密接な関係をもち、公演パンフレットにもその宣伝が一頁を割いて掲載されている。そして、前年の一九六四年は宝塚歌劇が誕生して五〇周年となる節目の年であったことも忘れてはならない。海外公演は、国の文化外交使節としての役割と同時に、劇団の歴史やアイデンティティを再確認する役割も担っているのである。

## 第五節　経済進出とともに（一九七〇―一九八〇年代）

七〇年代に入ると、日本の経済進出と歩調を合わせて、宝塚歌劇も東南アジアや中南米へと活動の場を広げていく。一九七三年には第一回東南アジア公演がラングーン（現ヤンゴン）、クアラルンプール、シンガポールの三都市にて実施される。さらに一九七八年には中南米公演として、メキシコシティー、ブエノスアイレス、サンパウロにまで足をのばしている。この背景には、国際的な文化交流事業を推進するため、一九七二年一〇月に外務省所管の特殊法人（現在は独立行政法人）として設立された「国際交流基金」の存在がある（小倉 二〇一三：二五四―二五五）。東南アジア公演も中南米公演も、国際交流基金の主催で実施されている。

七〇年代で特筆すべきは、一九七五―七六年の「第三回ヨーロッパ公演」である。[2] そもそもこの企画は、日本とソ連（現ロシア）の友好親善の推進という政治的意図のもとに立案された。当時の総理大臣田中角栄は、一九七二年に日中の国交回復を果たしたのち、ソ連との関係正常化に取り組んだが、一九七四年、金脈と人脈をめぐるスキャンダルが発覚して退陣に追い込まれ、そして日ソ関係改善の動きも失速した（赤城 一九八二：二二六、下斗米 二〇一三：

一〇四)。しかしながら、ソ連初公演はパリ公演を加え、国際交流基金の主催により「第三回ヨーロッパ公演」として実現することになる。

一行は一九七五年九月二三日に出発、当時ソ連の支配下にあったリトアニア共和国のカウナスを皮切りに、同じくリトアニアの首都ヴィリニュス、レニングラード(現サンクトペテルブルク)、モスクワ、キエフ、そしてパリでの公演を経て、一九七六年一月一五日に帰国している。参加者は各組から選抜された四七名であったが、中ソ関係が悪化していたため、中国籍だった星組トップの鳳蘭はソ連への入国が認められず、パリ公演にのみ参加した。演目の総題は『ザ・タカラヅカ』で、第一部「ファンタジー・タカラヅカ」一四景(作:白井鐵造)と第二部「ビート・オン・タカラヅカ」二〇景(作:鴨川清作)から構成されている。一九六五年以降の基本パターンであるこの和洋混成のプログラムは、古い伝統文化の土壌に西欧生まれのテクノロジーが高度に発展した国という、新たな日本のイメージを提示している。それは当時の日本が、文化交流を通して海外に発信しようとしていたセルフイメージにほかならない。

八〇年代は、日本の海外進出がさらに加速して貿易摩擦を生み、「日本異質論」や「日本脅威論」が噴き出した時代であるが、それに対して日本が打ち出した戦略は、和洋の調和というイメージのさらなる強化であったといえる。宝塚歌劇も八〇年代には第二回東南アジア公演(一九八二年)、第五回ハワイ公演(一九八五年)、ニューヨーク公演(一九八九年)を実施するが、演目はすべて和洋混成であり、いずれの公演にも国際交流基金が関わっている。

## 第六節　グローバリゼーションの時代――総合的文化外交の一環として(一九九〇―)

八〇年代の末に冷戦が終結し、アメリカ一強の時代が到来すると、通信伝達のテクノロジーの飛躍的発展も相

[2] この公演の詳細については、北村(二〇一〇)を参照。

まって、九〇年代にはアメリカを中心とする文化のグローバル化現象が起こる。この時代になると、文化外交も単発的なイベント中心ではなく、さまざまな文化を総合的に紹介する方向へと進むことになる（小倉二〇一三：二五七―二五八）。たとえば、ロンドンで開催された「ジャパン・フェスティバル」（一九九一年）やドイツの「ジャパン・イヤー一九九九―二〇〇〇」（二〇〇〇年）などがその典型例である。宝塚歌劇もこの二つの総合イベントに参加している。

一九九一年に予定されていたロンドンでの公演は、三年遅れの一九九四年に実施された。この年は宝塚歌劇創立八〇周年にあたり、前年には新宝塚大劇場が開場している。さらに公演スポンサーには、一九八九年と一九九二年のニューヨーク公演に続いて、三菱グループが協賛に加わっており、官民一体のイベントであったことがわかる。公演プログラムは、日本物『花扇抄――美しき日本』と二本の洋物『扉のこちら』と『ミリオン・ドリームズ』によって構成されており、和洋のバランスが洋へと少し傾いている。

次に二〇〇〇年に実施されたドイツ・ベルリン公演でも、両国の友好関係を深めるという外交的な目的が前面に打ち出されている。演目は、日本物の『宝塚　雪・月・花』と洋物レビューの『サンライズ・タカラヅカ』の組み合わせであった。また支援はここでも民間が中心となっている。注目すべきは、宝塚が二〇世紀最後の年に、初の海外公演（一九三八―三九年）で訪れたドイツを再訪し、しかもかつての国民劇場の後継であるフリードリヒ・シュタットパラスト劇場で公演をおこなったことである。そして本公演に続き、劇団は新東京宝塚劇場を開場（二〇〇一年一月）するなど、新たな世紀への門出にあたり、数々のイベントを企画した。宝塚は自らの過去に立ち戻りつつ、そこから新しい時代の展望を示したともいえる。

## 第七節　東アジアの国際情勢とともに（二〇〇〇―）

一九七〇年代における宝塚歌劇のアジア公演は、経済進出にともなって悪化した日本のイメージを和らげる文化外交戦略の一つとして位置づけられるが、九〇年代末以降のアジア公演は、とりわけ首相や閣僚の靖国神社公式参拝の問題やいわゆる教科書問題によってこじれた中国および韓国との外交関係を背景に実施されている。

まず一九九九年一〇-一一月、中華人民共和国建国五〇周年と日中文化交流協定締結二〇周年を記念した日中文化友好年にちなみ、北京と上海で第一回中国公演が実施された。演目はジャパン・ファンタジー『夢幻花絵巻』（作：植田紳爾）とグランド・レビュー『ブラボー！　タカラヅカ』（作：三木章雄）であり、日本物と洋物の混成である。

次に日中国交正常化三〇周年を記念し、二〇〇二年の九月から一〇月にかけ、上海、北京、広州で第二回中国公演が実施される。そのとき上演されたのは舞踊劇『蝶《ディエ》・恋《リエン》――燃え尽きるとも』（作：植田紳爾）とダンシング・ファンタジー『サザンクロスレビュー・イン・チャイナ』（作：草野旦）であった。前者には、タイトルに付された中国語の読みが示すように、日本と中国双方の要素が含まれている。そのパンフレットには「中国の有名な説話『梁山伯と祝英台』と日本の歌舞伎『けいせい倭荘子』、日本舞踊『蝶の道行』を基本にした、新しい舞踊劇」とある。すなわち舞台は平安朝の日本、ストーリーは中国の説話と日本の歌舞伎、そして踊りは和物となっているのである。また洋物レビューもタイトルに「チャイナ」とあり、日中の融和が目指されていることがわかる。

韓国に目を移すと、二〇〇五年一一月一一日から一三日にかけて、ソウルで戦後初の韓国公演がおこなわれた。演目は星組による「マリー・アントワネット生誕二五〇周年記念宝塚グランドロマン『ベルサイユのばら』」（脚本・演出：植田紳爾・谷正純）と「ショー『ソウル・オブ・シバ‼』――夢のシューズを履いた舞神」（作：藤井大介）で、その直前に日本国内でおこなわれた「全国ツアー公演」と同一の出し物となっている。通常このような海外公演では、独自の演目が立てられ、時間をかけて入念な準備がおこなわれるのだが、公演期間はたったの三日間、公演の決定発表は公演の三か月前というあわただしさだった。

そうした事態の背景には、当時の小泉純一郎首相の靖国参拝問題や教科書問題で悪化した日韓関係がある。小泉首相は二〇〇一年、靖国神社に公式参拝して以来、かつて戦禍を及ぼしたアジア近隣諸国から批判を受けてきた（宮城二〇一五：二五一―二五三)。しかしながら「日韓国交正常化」の記念年（二〇〇五年）にあたり、何かそれにふさわしいイベントを実施する必要に迫られ、本公演が企画されたと考えられる。『歌劇』二〇〇五年一二月号では、小泉首相への表敬訪問の場面が紹介されているが、ここからも政権の意向があったことがみてとれる。また反日感情への配慮から、これまでの海外公演ではつねに上演されてきた日本物の演目が姿を消している。『ベルサイユのばら』はパリ、『ソウル・オブ・シバ!!』はニューヨークが舞台である。日本的なイメージを喚起する要素が抹消されていると同時に、韓国語のセリフや歌を交えるなど、当地の観客への気配りがあちこちでなされ、日韓の融和が目指されている。

その後しばらく宝塚歌劇団は海外公演をおこなっていなかったのだが、創立一〇〇周年の前年二〇一三（平成二五）年、四月六―一四日に、初の台湾公演を台北の国家戯劇院にて敢行した。演じたのは柚希礼音を中心とする星組で、演目は日本物の舞踊ファンタジー『宝塚ジャポニズム――序破急』（作：植田紳爾）、グランド・レビュー『Étoile de TAKARAZUKA（エトワール ド タカラヅカ）』（作：藤井大介）、台湾の武侠小説を題材にしたミュージカル『楚留香外伝――花盗人』（脚本・演出：小柳奈穂子、原作：古龍「楚留香新傳」）の三本だった。『楚留香外伝』は台湾の観客のために特別に作られた演目である。台湾人にはおなじみの義賊、楚留香を主人公に、「ロミオとジュリエット」的なストーリーが展開し、中国語の歌も混じる。本公演は、日本と台湾の官民が一体となった支援体制のもとに大きな成功を収めたが、やはり政治的、外交的な背景があった。それは尖閣諸島海域をめぐる情勢である。事実この公演の最中、四月一〇日に台北で日台漁業取り決め（協定）が結ばれている。日本にしてみれば、台湾と友好関係を保つことで、海洋進出を目指す中国を牽制するという狙いもあった[3]。

先の公演の成功を受けて二〇一五年八月には第二回台湾公演が実現する。明日海りおがトップの花組による公演で、演目は、宝塚グランドロマン『ベルサイユのばら――フェルゼンとマリー・アントワネット編』（脚本・演出：植田紳爾・谷正純）とレヴューロマン『宝塚幻想曲』（作：稲葉太地）の二本立てであった。ここでも日本物の演目は不在なのだが、韓国公演の場合とはいささか事情が異なる。メインの『ベルサイユのばら』の上演時間を考慮すれば、残る演目は一つとせざるをえないのである。また、『ベルサイユのばら』には歌舞伎的な演出や日本風歌謡曲が醸す和的雰囲気がある、などの理由から洋物二本の構成となったと考えられる。

二〇一八年一〇-一一月の第三回台湾公演の演目は、宝塚歌劇星組による異次元武侠ミュージカル『Thunderbolt Fantasy（サンダーボルトファンタジー）――東離劍遊紀《とうりけんゆうき》』（脚本・演出：小柳奈穂子）とタカラヅカ・ワンダーステージ『Killer Rouge（キラールージュ）／星秀☆煌紅（アメイジングスター☆キラールージュ）』（作：齋藤吉正）である。前者は台湾の伝統的な人形劇である布袋劇を現代的にアレンジしたミュージカルで日本人のシナリオライター虚淵玄が制作に関わった作品である。今回は日台融和ものと洋物レビューの組み合わせということになる。

## 第八節　結びにかえて

以上のように宝塚歌劇の海外公演では、政治的、外交的、経済的な背景と、宝塚歌劇団自身の諸事情が複雑に絡まり合っている。こうした構図は、時代が下るにつれて複雑になりこそすれ、戦前の初のヨーロッパ公演から基本的に変わらない。二〇一三年に初めて実現した台湾公演は、外交使節としてではなくアジアでの市場を開拓するために宝塚が独自に企画した初の海外公演とされているが、公演の際の挨拶では二〇一一年の東日本大震災の折に台湾の人びとから寄せられた援助に対する丁重な御礼が述べられるなど、外交使節としての役割は失われていない。また、東アジアがさらなる緊張を高めつつある現在、立て続けに三回もの公演が台湾において実施されるのは、ただたんに宝塚歌劇の人気が高いだけではなく、その背景にある国際情勢や外交など、さまざまな要因が秘められている。そうした意味において、宝塚歌劇は現代日本における重要な文化外交の担い手であるといえるだろう。

［3］たとえば、『日本経済新聞』（二〇一三年四月一〇日付）の記事。

## ◉引用・参考文献


【宝塚歌劇団刊行物】

『歌劇』(一九一八−一九四〇、一九四六−)

『宝塚歌劇一〇〇年史——虹の橋 渡りつづけて 舞台編』山本久美子・西村房代・須藤晃代［編］(二〇一四)

『宝塚歌劇パリ公演アルバム』(一九六五)

『宝塚歌劇第三回ヨーロッパ公演記念号』(『歌劇』臨時増刊号)(一九七六)

『TAKARAZUKA「夢」ニューヨーク公演写真集』(『宝塚グラフ』臨時増刊)(一九九三)

『宝塚歌劇ロンドン公演写真集』(『フォーサム』臨時増刊)(一九九四)

『宝塚歌劇団 中国北京・上海公演写真集』(一九九九)

『ヴァーナル・プレゼンツ 宝塚歌劇団ドイツ・ベルリン公演写真集』(二〇〇〇)

『宝塚歌劇団第二回中国ツアー公演写真集』(二〇〇二)

『宝塚歌劇星組全国ツアー・韓国公演写真集』(二〇〇五)

『Made in Japan 寶塚歌劇團 台灣公演プログラム』(二〇一三)

『宝塚歌劇花組台湾公演写真集』(二〇一五)

【そ の 他】

赤城宗徳(一九八二)『日ソ関係を考える——激動の大正・昭和を生きて』新時代社

五百旗頭真・下斗米伸夫・トルクノフ、A・V&ストレリツォフ、D・V［編］(二〇一五)『日ロ関係史——パラレル・ヒストリーの挑戦』東京大学出版会

岩淵達治(二〇〇四)『水晶の夜、タカラヅカ』青土社

小倉和夫(二〇一三)「日本の文化外交——回顧と展望」大芝 亮［編］『日本の外交 第五巻 対外政策 課題編』岩波書店、二四五−二六五頁

北村 卓(二〇一〇)「リトアニアにおける宝塚歌劇——「第三回ヨーロッパ公演」(一九七五)をめぐって」『表象と文化Ⅶ』、二三一−二三二頁

北村 卓(二〇一八)「メディア装置としての宝塚歌劇」澤田 肇［編］『舞台芸術の世界を学ぶ——オペラ・バレエ・ダンス・ミュージカル・演劇・宝塚』上智大学出版、二五四−二八一頁

佐藤卓己・渡辺　靖・柴内康文［編］（二〇一二）『ソフト・パワーのメディア文化政策──国際発信力を求めて』新曜社
下斗米伸夫（二〇一三）「冷戦下の日ソ関係」波多野澄雄［編］『日本の外交 第二巻 外交史 戦後編』岩波書店、九七-一一六頁
宮城大蔵［編著］（二〇一五）『戦後日本のアジア外交』ミネルヴァ書房
渡辺　靖（二〇一一）『文化と外交──パブリック・ディプロマシーの時代』中央公論新社
Nye, J. S. (2004). *Soft power: The means to success in world politics.* New York: Public Affairs.（ナイ、J・S／山岡洋一訳（二〇〇四）『ソフト・パワー──二一世紀国際政治を制する見えざる力』日本経済新聞社）

# 第一二章　日本の禅、世界のＺＥＮ

山田奨治

## 第一節　はじめに――禅からＺＥＮへのトランスナショナリゼーション

日本の仏教の一派である禅宗[1]は、鎌倉時代に中国から伝えられた。中国の禅である「チャン」は明代に衰退したが、日本では座禅と公案[2]を重視した独自の発展を遂げて、現代に引き継がれている。二〇世紀初め頃、日本の禅は欧米に伝えられた。そして、一九五〇年代に米国の大衆文化と融合して、対抗文化であるとともにファッショナブルなバズワードとして、ＺＥＮは定着した。その過程を眺めると、異文化の受け手が発信者となる際に起こる、情報変換の諸相がみえてくる。禅からＺＥＮへの変容は、トランスナショナル・コミュニケーションを考えるための、よき材料を提供してくれよう。

---

[1] 中国の達磨大師（四八三-五四〇）を開祖とする宗派で、日本の禅宗には臨済宗、曹洞宗、黄檗宗などがある。

[2] 禅の師匠が弟子に対して与える課題。「片手の鳴る音を聴け」、「無の一字に成り切れ」といった、常識や論理を超えた考究を求める課題が多い。

## 第二節　米国に伝わった禅

宗教としての禅宗は、日系移民とともに米国に伝わったとみられる。サンフランシスコやロサンゼルスなどの西海岸の日本人街に、主に移民の信仰の受け皿として仏教寺院が建てられた。

一方で東海岸には、超絶主義（transcendentalism）という、禅と親和性の高い思想運動があった。その中心的な思想家はラルフ・ワルド・エマーソン（一八〇三–八二）である。超絶主義者らはユニテリアン教会に属し、ドイツ観念論とインド哲学を研究した。彼らは皆ボストン近郊のコンコードという町に住み、互いの家を行き来して思索を深めた。超絶主義者の一人、ヘンリー・デイヴィッド・ソロー（一八一七–六二）は、コンコードに近いウォールデン湖畔の粗末な小屋で二年超の、まるで禅僧のような自給自足生活を送った。その記録書である『森の生活』（ソロー一九九一）は、現代のエコロジー運動にも影響を与えている。

一八九三年のシカゴ万博の際には、万国宗教会議が開かれて世界の宗教指導者が集った。日本からは天台宗、真言宗、浄土真宗とともに、臨済宗の代表として鎌倉の古刹・円覚寺の管長だった釈宗演（一八六〇–一九一九）が参加し、そのスピーチを英語話者が代読した。これが、禅宗が欧米に対して公式に紹介された、最初の機会だとされている。その宗演の英語スピーチ原稿を作る手助けをしたのが、東京帝国大学の学生で宗演の弟子でもあった鈴木貞太郎（のちの大拙、一八七〇–一九六六）だった。

万国宗教会議で宗演のスピーチに感銘を受けた人物に、シカゴ近郊の町で出版社を経営するポール・ケーラス（一八五二–一九一九）がいた。ケーラスは東洋思想の翻訳をする助手の派遣を宗演に求め、宗演はその役目を大拙に与えた。そして大拙は単身で米国に渡り、一八九七年から一一年間をケーラスのもとですごした。

その前後、大拙は超絶主義思想に禅との近さを感じ、彼らが使う英語をよく研究していたようだ。のちに大拙はエマーソンのことを「彼は禅を説くものなり」とまで書いている（鈴木 二〇〇二：四三）。「不立文字《ふりゅうもんじ》（言葉では言い表せない)」の宗教である禅の教えを、異文化に向けて英語で発信するにはどうすれば効果的か、大拙はそのお手本を現地の思想家である超絶主義者や詩人に求めたとみられる。大拙のこの手法は、異文化発信のモデルになるだろう。

帰国後に大拙は、米国で知り合った仏教徒の女性を呼び寄せて結婚した。そして、二人で『イースタン・ブディスト（*Eastern Buddhist*）』という英文雑誌を創刊し、禅についての論考を次々と出版した。一九五〇年頃までの欧米の文化人は、ほとんどこれだけを頼りに日本の禅を理解していた。

一方で、米国の一部の教養ある資産家のなかには、禅に興味をもち実践したいと考えるものがいた。また、日本の禅教団の周縁にいた者からは、米国に新天地を求めて布教に乗り出した者がいた。彼らは自然に結びついていったが、日本の真珠湾攻撃とともに苦難の時代を迎えることになり、布教者の日本人は強制収容所に入れられ、そこで健康を損ねて命を落とした者もいる。

## 第三節　禅からＺＥＮへ

欧米の禅への関心が活発化するのは、戦後のことである。占領中の日本に滞在した欧米人のなかには禅に関心をもち、鎌倉に住んでいた大拙を訪ねて教えを請う者も現われた。彼らの助けもあり、七八歳の大拙は一九四九年六月から二度目の長期渡米を果たす。ニューヨークを拠点にコロンビア大学で仏教哲学を教え、欧米各地の大学に招かれて講義をした。そこから一九五八年一一月に帰国するまでの九年間が、大拙の生涯で最も生産的な期間になる。

大拙が伝えた禅にインスピレーションを得て、米国流のＺＥＮに変えた立役者が、ビート世代と呼ばれた作家・詩人たちだった。その代表格は、ジャック・ケルアック（一九二二–六九）、アレン・ギンズバーグ（一九二六–九七）らである。彼らはニューヨークで出会ったが、同時期に大拙が滞在していることは知らなかったようだ。

ビート作家らは一九五〇年代半ばに拠点をサンフランシスコに移し、活動を本格化させた。彼らの生み出す作品は、米国の主流文化からみれば不道徳かつ反逆的で、性とドラッグの快楽、そしてエキゾチックなZENで彩られていた。
一九五三年にはドイツ人哲学者オイゲン・ヘリゲルによる一九四八年の書『弓と禅』（ヘリゲル一九八一）の英訳が出版された。大拙は英訳版に序文を寄せ、その内容を大いに賞賛し権威づけた。同書には、一九二〇年代に来日したヘリゲルが、弓道修行を通して西洋の合理主義思想を打ち砕かれ、禅の神髄を理解して帰国するさまが、創作を交えて描かれている。ところが、同書はそのまま事実として受け取られ、世界的なベストセラーになり、その後の文学、武道、スポーツ、映画からビジネス書に至るまで、大きな影響を残している。[3]

米国での禅からZENへの大衆化をともなう変容は、一九五六－五七年頃に起きたと考えられる。女性ファッション誌の『ヴォーグ（*VOGUE*）』の一九五七年一月号が、大拙のコロンビア大学での講義の様子を「世間のうわさ」という小記事で伝えている。それに続いて『タイム（*Time*）』の二月号、『ニューヨーカー（*The New Yorker*）』の八月号、『マドモアゼル（*Mademoiselle*）』の一九五八年一月号が、大拙と日本の禅を紹介する充実した特集記事を立て続けに掲載した。『マドモアゼル』の記事によると、「ZEN」はニューヨークのカクテル・パーティーで一番人気の話題になっているという。

そんななか、一九五七年九月にケルアックの代表作『オン・ザ・ロード』（ケルアック二〇一〇）が発売される。ビート文学の最高峰と呼ばれる作品で、主人公たちの何事にも囚われない生き方が若者たちの心を捉えた。そうした意識は一九六〇年代後半からのヒッピー運動につながり、米国の対抗文化を形成していったが、同時に主流文化の側からは激しい非難を受けた。

ケルアックは大拙による紹介や仏典の翻訳を頼りに、独自のZENを探究していた。『オン・ザ・ロード』の翌年には、彼の考えるZENを前面に出した『ザ・ダルマ・バムズ』（ケルアック二〇〇七）を出版した。しかし、こうしたケルアックらのZENは大拙の不興を買った。大拙は米国で禅が誤解され始めているとする論文を発表し、それを知ったケルアックらは大拙とZENから離れていった。

## 第四節　ZENアートの展開

そうした思想あるいは宗教としての禅からZENへの展開に呼応して、アートの分野にも禅は影響を広げていった。その方面に強い影響力をもったのが、思想家の岡倉覚三（天心、一八六二―一九一三）、鈴木大拙、そして大拙の友人で哲学者の久松真一（一八八九―一九八〇）といった人びとである。

岡倉は有名な『茶の本』（岡倉二〇〇八）に、「日本の美術品が均斉を欠いていることは西洋批評家のしばしば述べるところである。これもまた禅を通じて道教の理想の現われた結果である」と書いた。日本美術の特徴として均斉でないことをあげ、それに禅が影響したとの説である。ただし、注意しなければならないのは、岡倉は均斉を欠くことは中国の道教の理想であって、それが禅を媒介して日本に伝わった、といっていることである。

鈴木大拙は、岡倉の考えを継承しつつも、禅のなかの中国的あるいは道教的な部分を避け、禅を日本固有の精神性と結びつけた。大拙は一九三八年に英語で出版した『禅と日本文化』（鈴木二〇〇五）のなかで、禅の美意識として「わび」、「さび」、「非対称性」の三つをあげた。久松は大拙の観点をさらに押し進め、一九五八年の『禅と美術』（久松一九五八）で「不均斉」、「簡素」、「枯高」、「自然」、「幽玄」、「脱俗」、「静寂」の七つの属性が禅美術の特質であると指摘した。そして「禅美術」の代表として、禅僧の仙厓義梵（一七五〇―一八三七）による《〇△□》、陶芸の樂家初代・長次郎（?―一五八九）による黒楽茶碗、京都・龍安寺の石庭などをあげた。

久松の著書は英訳され、また彼自身が大拙の滞米中にハーバード大学などで講義をしたことから、大拙＝久松の禅美術論は欧米に定着していった。しかし現在では、彼らの禅美術論は一面的にすぎるとの批判がなされている。禅寺院には彼らの見解にそぐわない禅美術がいくらでもある。たとえば、大徳寺や妙心寺の塔頭を飾る狩野派や土佐派の

［3］同書への批判については、拙著（山田二〇一五）で詳述した。

豪華な障壁画、中国伝来の絵画群、鹿苑寺の金閣、そして禅宗の継承で最も重要な意味をもつ頂相《ちんぞう》（禅の師匠を写した絵画・彫刻）などが、大拙＝久松のいう禅美術からは落ちてしまうことになる。

しかし、大拙＝久松の紹介によって、禅美術は日本のミニマリズムとしてコンテンポラリー・アートの文脈に定位されていった。それと同時に禅美術はＺＥＮアートへと変化したといえよう。米国の画家のマーク・トビー（一八九〇－一九七六）らは独自のＺＥＮアートを創作した。音楽ではジョン・ケージ（一九一二－九二）による無音のピアノ曲『４分33秒』があまりにも有名である。ケージはコロンビア大学で大拙の講義を聴講し、影響を受けたこともよく知られている。

欧米のＺＥＮアート理解は、そのまま日本発のアートにも照射される。たとえば映画監督の小津安二郎（一九〇三－六三）は、欧米ではＺＥＮアーティストに数えられている。もちろん日本で小津がそのように評されたことはない。同様に、三宅一生（一九三八－）やコムデギャルソンの川久保玲（一九四二－）が一九八〇年代に流行させた、左右非対称で、黒く、ときに穴のあいているシンプルなファッションは、西洋では「ＺＥＮスタイル」の呼び名で定着した。しかし、日本での彼らの位置づけは禅ではなくアヴァンギャルドであり、その影響を受けたファッションをした若者は「ＺＥＮスタイル」ではなく「カラス族」と呼ばれていた。異文化コミュニケーションでは、こうしたねじれが生じることが問題でもあり、同時に醍醐味でもあるのだ。

## 第五節　結びにかえて――ＺＥＮのさらなる変容

一九五八年に大拙が去ったあとの米国西海岸には、ケルアックらに感化された若者たちがＺＥＮを求めて、日本人街にある禅宗寺院に集まり始めた。そんななか、サンフランシスコの日系コミュニティのための曹洞宗寺院だった桑港寺《そうこうじ》の住職として、鈴木俊隆《しゅんりゅう》（一九〇五－七一）が日本からやってきた。俊隆はＺＥＮに引かれたカウンターカルチャーの若者たちのために、サンフランシスコ（ＳＦ）禅センターを設立し、曹洞宗の布教をおこなった。俊隆は親しみやすい人格者だったようで、非日系の弟子を大勢育てて当地で病没した。俊隆の講義を弟子たちがまとめた『禅マインド――ビギナーズ・マインド』（鈴木 二〇一二）は、おそらく世界で最も普及した禅入門書であろう。

俊隆の教えは、曹洞宗をベースにしながらも、米国の若者に理解しやすい表現を心がけている。それもまた禅のＺＥＮ化を促す原動力になった。俊隆の死後、ＳＦ禅センターの老師（禅の師匠）の地位は、米国人の弟子が引き継いだ。ところが、その米国人の老師は、女性の弟子に対するセクシュアル・ハラスメント事件を起こし、禅センターから放逐されてしまう。それ以後、ＳＦ禅センターは複数の指導者を置く集団指導体制をとっている。

現在のＳＦ禅センターの指導者には、ハイテク企業や映像関係などのビジネスの世界から転じた人が多いようだ。彼らは、ビジネスの行き詰まりや自身の病気など、何らかの人生の転機を経てＺＥＮに接近している。興味深いことに、彼らのなかにはユダヤ教徒が明らかに多い。ＺＥＮとユダヤ教は、心性の部分で共通点が多いのかもしれない。さらに興味深いことに、彼らは僧侶として出家するにあたり、ユダヤ教の信仰を捨てなくてもよい。ユダヤ教徒でありながら曹洞宗の老師でもあるという奇妙なことが許されるのも、禅がＺＥＮ化した部分である。

ＳＦ禅センターでは、朝晩のコミュニティ・サービスの時間を設けるなど、キリスト教の伝道フォーマットを取り入れている。またそこに集う人びとの人種は白人とラテン系に偏っており、黒人やアジア系の姿はほとんどみられない。米国の人種構成とは明確な差違があることも興味深い。また、サンフランシスコから近くのシリコンバレーに通勤する住人が増えているため、近年はハイテク系に従事している信者を集めるようになっている。

ＳＦ禅センターは、絶対権力者としての一人の老師をもたず、民主的な合議による運営をしている点など、日本の禅寺院のあり方に一石を投じている面もある。その一方で、禅センターはＺＥＮビジネスともいえる展開をしていて、禅が醸し出す清貧のイメージとの落差に驚かされることもある。

一例として、サンフランシスコ郊外のグリーン・ガルチにある禅堂施設では、オーガニック野菜の農園がある。禅堂内のレストランの厨房には、料理見習い専門の弟子もいる。週末の座禅会の折には、焼きたてのパンや農園で採れたオーガニック野菜を販売している。そこには訪問客のための売店があり、座禅に使う座布団やさまざまな仏具、仏像、書籍などを販売している。

SF禅センターは、サンフランシスコのマリーナ地区で「グリーンズ」という高級ベジタリアン・レストランも経営している。そこではグリーン・ガルチの農園で採れたオーガニック野菜を使ったメニューを出し、各種のグルメ・サイトで高評価を得ている。

こうした側面は、ZENの世俗化といえるだろう。そうした世俗化の最たる部分は、ZENがマインドフルネスと結びついて、米国のハイテク企業でビジネスに活用されていることにある。

マインドフルネスは、ベトナムの禅僧ティク・ナット・ハン（一九二六‐）と、米国の脳科学者にしてZENの実践者だったジョン・カバット・ジン（一九四四‐）が広めたものである。彼らの実践は、マインドフルネス瞑想法として、米国ハイテク企業の研修プログラムに取り入れられていった。その目的は、ストレスを軽減し、創造性を高め、企業の生産性向上につなげることにある。マインドフルネスはかえって精神活動のテンションを下げてしまうという批判もあるものの、ビジネス界には定着したといってよいだろう。

また、鈴木俊隆の弟子で、彼の死後に西海岸で布教した僧侶に乙川弘文（一九三八‐二〇〇二）がいる。その乙川に感化された者の一人が、アップル社の創業者スティーブ・ジョブズ（一九五五‐二〇一一）である。アップル社のシンプルなデザインにはZENの影響があるとされる。ジョブズの没後は、ヘリゲルの『弓と禅』と鈴木俊隆の『禅マインド――ビギナーズ・マインド』の日本語版は、彼の愛読書との帯が付けられた。世俗における成功をうたうことで、禅もまた世俗化の道をたどっている。

しかしながら、さすがに企業の生産性向上や大ヒット商品のデザインが前面に出てくると、宗教としての禅が伝えようとしてきたことから大きくずれてしまうように思われる。仏教が追究してきた生老病死やモラルの問題ははるか遠景に退き、現実社会での実利を追い求めることが、ZENの最前線になっている。

だが、こうした変容は一概に否定できるものでもない。どのような文化も、異なる文化圏では変容を遂げる。その「一風変わった姿」は、異文化での受容の一つのあり方なのである。

## ◉引用・参考文献

岡倉覚三（二〇〇八）『茶の本』青空文庫〈https://www.aozora.gr.jp/cards/000238/files/1276_31472.html〉（最終確認日：二〇一八年七月一八日）

ケルアック、J／中井義幸［訳］（二〇〇七）『ザ・ダルマ・バムズ』講談社（Kerouac, J. (1958). *The Dharma bums*. New York: Viking Press.)

ケルアック、H／青山　南［訳］（二〇一〇）『オン・ザ・ロード』河出書房新社（Kerouac, J. (1957). *On the road*. New York: Viking Press.)

鈴木俊隆（二〇一二）『禅マインド――ビギナーズ・マインド』サンガ（Suzuki, S. (1970). *Zen mind, beginner's mind*. New York: J. Weatherhill.)

鈴木大拙（二〇〇二）『鈴木大拙全集　増補新版　第三〇巻』岩波書店〔原著：一八九六年〕

鈴木大拙（二〇〇五）『禅と日本文化――対訳』講談社インターナショナル〔原著：一九三八年〕

ソロー、H、D（一九九一）／佐渡谷重信［訳］『森の生活――ウォールデン』講談社〔原著：一八五四年〕

久松真一（一九五八）『禅と美術』墨美社

ヘリゲル、E／稲富栄次郎・上田　武［訳］（一九八一）『弓と禅』福村出版〔原著：一九四八年〕

山田奨治（二〇一五）『禅という名の日本丸』弘文堂

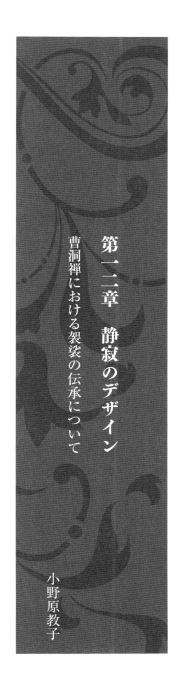

# 第一二章　静寂のデザイン

## 曹洞禅における袈裟の伝承について

小野原教子

### 第一節　はじめに

本章では仏教僧の身につける衣装について、特に象徴的な「袈裟」について、伝承の面から考察する。ゴーダマ・シッダールタ（釈尊）の誕生から遡れば、約二五〇〇年以上の歴史を有するこの衣装は、いうまでもなく宗教的な衣服である。それは日本には、インドより中国大陸を経て、朝鮮半島経由で日本列島にたどりつく。仏法を正統に引き継ぐには、個人のレベルでは師匠から弟子へとなるが、その教えを著した経典は、山を越え海を渡り、複数の国や民族の間に横たわる言語の差異を乗り越えながら引き継がれていく。いわば壮大な世界旅行をともなう、いくつもの時代を経た、文化や社会の網の目を通過するため、色とりどりでダイナミックな歴史物語になる。袈裟もそのとき共に行脚する。

本章のタイトルに含まれる「静寂」は、釈尊が悟りに至った際の身体のありよう＝「坐禅の姿勢」を表現している。また、サブタイトルが示すように、本章では坐禅修行を重視する「禅宗」の一宗派、曹洞宗を例にあげながら考察を進めることになる。日本に生まれ、天台宗や臨済宗で学び、中国（宋）留学のあと、日本で曹洞宗を開山した道元は、仏の教えのなかでも袈裟に重きを置いた。彼が生涯をかけて著した『正法眼蔵』、特に「伝衣」および「袈裟功徳」という二つの巻でその神髄が語られている。

本章で論じるのは、第一に、曹洞宗すなわち開祖道元にとっての袈裟について、第二に、袈裟という衣装のもつトランスナショナルな性質について、第三に、日本曹洞禅における袈裟の展開と高僧たちについて、第四に、欧州における袈裟の伝承あるいは現在について、第五に、袈裟を禅文化として捉えることの可能性について、の諸点である。筆者の服飾文化研究者としての立場からいえば、これは時代や社会のなかで変化をともないながら継承され、着る人と共に世界を旅してきた袈裟を文化として考察する試みである。

## 第二節 仏衣《ぶつえ》仏法《ぶっぽう》

日本曹洞宗の開祖として知られる道元禅師[1]（一二〇〇–一二五三）は、全九五巻からなる『正法眼蔵[2]』を著したが、そのうち「袈裟功徳」と「伝衣」の二巻において、仏法そのものとしての仏衣について説いている。袈裟の形状やその基礎的な理解については、すでに執筆した拙論（小野原 二〇一四：一〇二–一一八）[3]に詳しいので割愛するが、必要に応じて注で説明を加える。本章では主に袈裟の伝承に焦点をあてるが、まず、道元禅師にとってそれが何なのかを整理しておきたい。

一言でいえば、袈裟とは「正伝すべき法」である。それは正しく身につける（搭袈裟《たっけさ》）ものであり、正しく縫わねばならない。一二四〇年頃にその原型が書かれた「袈裟功徳」にみられる、その衣装を表現した言葉をあげてみよう。

「仏々祖々正伝の衣法」「仏袈裟」「最尊最上の功徳」「解脱服」「仏々嫡々相承の衣法」「祖宗の法を搭し、祖宗の法を製す」「正伝袈裟」「無上菩提の護身符子」「長劫光明の種子」「如来世尊の衣法」「学仏の実帰」「功徳正深」

「人身の慶幸」「仏弟子の標識」「勝利」「神力」「仏衣頂戴に回向」……。

ここには仏教の専門用語も含まれているが、それ以外のさまざまな表現が含まれている。おおむね、袈裟は古来インドに遡る仏法そのものであり、釈尊の説いた法を正しく受け継ぎ、またその功徳の広さ・大きさ・深さを味わい感謝し敬う象徴的存在として、修行そのもの、または到達すべき目標として認識される傾向がある。

釈尊から数えて第二八代の菩提達磨大師[4]は中国へ渡り、中国仏教第一祖として仏法を伝えた。それから五代を経て、曹洞宗の六祖として知られる大鑑慧能《えのう》禅師[5]（六三八‐七一三）が、達磨大師の袈裟と法を正伝する三三代となる。国教として皇帝と仏教の結びつきが強かった中国では、歴代の王がその袈裟を迎えて礼拝し、不思議な力のあるものとして守り続けた。日本の鎌倉時代に生きた道元禅師は、南宋で如浄禅師と邂逅する。この中国留学を契機として、道元は仏僧にとっての衣食＝日常生活のなかに如法を見知ることとなる。そしてその教えを日本に持ち帰って以降、正

---

[1] 内大臣久我通親の子、母は藤原基房の女。一三歳で比叡山にて出家、建仁寺栄西の高弟明全に師事する（禪學大辭典編纂所 一九七八：九一七）。

[2] 本章では岩波文庫版の道元『正法眼蔵』の、特に「伝衣」の巻所収の第二巻（水野弥穂子校注、一九九〇年）を参照した。「袈裟功徳」とならぶこの巻は、いずれも興聖寺において一二四〇年に執筆（「仁治元年」、「士衆」）されたとの記録があるが、「袈裟功徳」は永平寺へ移ったあとに、「伝衣」をもとに増補したといわれている（水野 二〇〇七：六‐七）。

[3] 方形の布をつなぎ合わせて一枚の大きなパッチワーク状の布にし、一番上に身につける仏教徒のユニフォーム。一反の布には貨幣のような交換価値があり、装飾品としての値打ちは、布を裁つことによってなくなる。また、それはインドの美しい田園風景をデザインの起源にもっている、とされる。アジアの稲作文化とも密接につながり「福田衣《ふくでんえ》」と袈裟が呼ばれるゆえんでもある。

[4] 諸説あるが、五世紀頃から六世紀頃にかけて活躍した。中国に禅をインドに伝えたことにより中国禅宗の初祖といわれる（禪學大辭典編纂所 一九七八：八三一）。

[5] 後世、中国や日本で栄えた臨済・曹洞宗をはじめとする、いわゆる五家七宗の禅は、すべて慧能の法系から展開したものである（禪學大辭典編纂所 一九七八：一〇三）。

しい相伝の仏法が受け継がれていく。袈裟はそのまま「解脱（悟り）服」であり、只管打坐《しかんたざ》を謳う曹洞禅においては、袈裟を搭《か》け、ただ坐禅をすることが修行となる（袈裟を身につけることをふつう「搭ける」という）。

道元禅師は、釈尊の時代より相伝されるさまざまな経典を研究しながら、袈裟のデザイン（体《たい》・色《しき》・量）[6]とその製作方法についても詳しく説き明かしている。それは戒律にもとづく厳格なものでありながらも、時代や環境に合わせた包容力のある提案や考えも含まれ、同時にそれは道元禅師の学究的な仏法の理解と等しくしていた。この衣法＝仏法はインドから中国大陸を経由して日本に伝えられたわけだが、たとえば中国の道宣禅師は袈裟に対する考えや製作方法に対して批判を展開しており、それに対して道元は、かつてのインドと同じような糞掃衣《ふんそうえ》[7]の衣財は、現在の日本では認められないと指摘している[8]。

## 第三節　袈裟とトランスナショナリティ

道元禅師の『正法眼蔵』では、袈裟の素材（体）、色柄（色）、形状（量）といった、いわばその製作方法に関しても記述がなされている。その原型は紀元前の南アジアの国、亜熱帯地域における衣装であるから、時代や国が変われば、そのデザインが変化することはやむをえない。その一方で、衣装に付随する精神性はそのまま継承され、仏法を伝え嗣いでいくという目的が変化するわけではない。以下では海を越え、時を経た袈裟の変容性と普遍性について考察を展開していきたい。

袈裟は、日本では仏教僧が一番上に羽織る布のような衣装だが、暑い国のインドではこの一枚の布を直接体に巻きつけるようにして身につけていた。それは冬の寒さの厳しい中国大陸を経て日本に伝わったが、その過程で形は変わらないまでも、その用途の面で宗教的意味が強調されるようになり、機能性よりも象徴性が前景化されることになった。

一枚の布で生活に事足りたインドとは違って、極寒の冬を越すためには身に纏う衣装の枚数も異なる。比較的温暖で豊かな四季をもつ日本においては「三衣一鉢」という言葉で表現されるように、出家僧は三種類の袈裟[9]を所有するという戒律を守りながら、日本の着物の上に袈裟を着用するという習慣が形成されたのである。以下では、曹洞宗のある僧侶の衣装を紹介しながら、それを具体的にみていきたい。

兵庫県妙香寺住職の幣道紀《へいどうき》老師は、研究や庭仕事などをされるときには一般人とかわらない衣服を着用しておられるとのことだが、老師主催の定例坐禅会では必ず袈裟を搭けられている。筆者が老師にインタビューしたのは一〇月で、その際の衣装として、白い襦袢、明るいグレーの着物の上に、「衣《ころも》」[10]と呼ばれる黒の法衣[11]を身につけておられた。構造としては一見すると普通の着物にみえるが、袖は振り袖のごとく、あるいはそれ以上に長いものとなっている。中国では二部式であったものが、日本では合わさって一枚になったという。[12]腰と腹の部分が帯状になっていて、動き

---

[6] 小野原（二〇一四）に詳しいが、体＝材料、色＝色柄、量＝大きさを指す。基本的に材料は植物由来の素材（麻、綿など）、色は「袈裟色」といわれる濁った混合色で無地に限り、大きさは「三輪を覆う」という四分律に由来している。これは両膝と臍の三点が隠れるくらいの分量の布であり、おおよそ体の三分の一が隠れる。肘や腕などを使って採寸する。

[7] 糞掃（捨てられた褸布）を拾い集めて製作した袈裟のこと。袈裟として最もすぐれたもの、理想的なものとして尊重される（禪學大辭典編纂所 一九七八：一一〇三）。

[8] 七世紀頃から八世紀頃にかけて活躍した南山律宗の祖（禪學大辭典編纂所 一九七八：九三二）である道宣の主張によれば、絹糸は蚕から生まれるので殺生（動物由来）であり、そのために禁じるべきであるとされる（道元 一九九〇：二六九）。

[9] 袈裟は条数によって別の名前をもち、その数が多くなるほど形式的な衣装となる。条とは長方形の布で、それぞれ長いものと短いものが組合わさって一条となる。安陀衣（五条）、鬱多羅僧（七条）、僧伽梨（九―二五条）で、それぞれ、下着、普段着、儀式・訪問着を意味する。

[10] 「衣」は「直綴《じきとつ》」ともいう（禪學大辭典編纂所 一九七八：三六二）。

[11] 法衣店のカタログによれば、素材は麻・正絹からポリエステルとの合繊をはじめ絽や紗と季節の変化にも対応し、また色も落ち着いた色目が多数あり豊富で充実している（西川法衣佛具店 二〇一六：七九―九〇）。

やすく、姿勢が安定する。機能的で無駄のない美しいデザインであり、僧侶のユニフォームといえる。

また、この衣装は腰に組紐を結んで締めることによって着付けが完了となるが、「手巾《しゅきん》」と呼ばれるこの紐にも特徴がある。長さは一丈二尺（三・三メートル）で輪つなぎになっており、腰紐としてのみならず、作務や旅行時に襷《たすき》として用いたり、衣をまくりあげたりする役割を担うこともある。紐と日本人の歴史は、縄文文化にまで遡るといわれるほど長い（道明 一九六三：二一–二七）が、それは中国からのデザインの影響も少なくなく、朝鮮半島でも古代のものが出土している。紐は物と物を結んだり、縛ったりするといった機能性のみならず、組み方や色によっても装飾的な効果を生む。

さて衣服は寒さのみならず暑さをしのぐためにも、体温や湿度の調整において重要な役割を果たす。既述のとおり、インドでは日常における機能性や利便性という観点から、幅広の大きな布一枚を体に巻きつける。これに対して中国では、そのインドの大きな布は仏教の権威の象徴となり、衣服の一番上に搭けられることになる。国と宗教が色濃く結びつけば、機能を離れ、宗教的要素や装飾的要素が強化され、物神崇拝主義的な存在となるだろう[13]。

秋の日本は関西の地で、老師が搭けておられた袈裟は、尋ねるまでもなくその繊維が細くなり縫い目の隙間が詰まったような密度の高い軽やかさと不思議な佇まいから、長い時を経ていることがわかる。最近再び染め直しをされたという、いかにも品のよい木蘭色であった。袈裟とは、もともと「袈裟色」という色の名前に由来していることを思い出しておきたい。それは、人の執着や欲から離れた、濁った混合色のことである。木蘭色もその代表的なもので、伝統的に受け継がれてきた色である。

老師によると衣の袖の長さは、仏僧が労働をしないことを如実に表していると説明されるが、その一方で、この衣には特筆すべき工夫が施されている。両肩のあたりには、その内側に細い紐が左右ともに縫い付けられていて、寺社内の掃除や洗濯など作務をおこなうときには、両袖を上方にくるくる巻き上げながらたくすことができる。さらに紐を背中でしっかり結べば、袖はまとまり両腕が出て動かしやすくなる。装飾性と機能性が一本の紐によって均衡を保っているようにみえる。

老師に袈裟の所有枚数を尋ねると、少なくない数をおもちの様子であった。曹洞宗では首から提げるように身につける「絡子《らくす》」と呼ばれる小さな袈裟が用いられるが、それは使用頻度からいって傷みやすく、贈られる機会がより多いとのことである（たとえば法要などの随喜品として配られる機会があるという）。

老師の場合、夏と冬用でだいたい五領ずつ[14]を季節ごとに着用される。それは一番上に身につけるため、ほとんど洗う必要が生じず、風を通して空干しされている。金襴などの派手目のものは好まれないようで、黒を中心に草色や水色などを常備されているとのこと。けれども葬儀の際に、老師も緋色の袈裟を搭けられることがある。それは「荘厳衣《しょうごんえ》」といって、人のために「立派に美しく装う」ことを意味する。仏となった死者への敬意と遺族の悲しみを悼み、そのときの袈裟は厳かで静かな祈りの言葉となる。また「緋」や「黄」は、中国では高貴な色として知られ、曹洞宗門においては「資格衣」といって、このような正色[15]の袈裟によって僧侶としての位を示すようである。インドから中国へ、そして日本へ渡った袈裟は、脱ぐことのない衣服から、社会的意味を纏うための衣服ともなっていった。

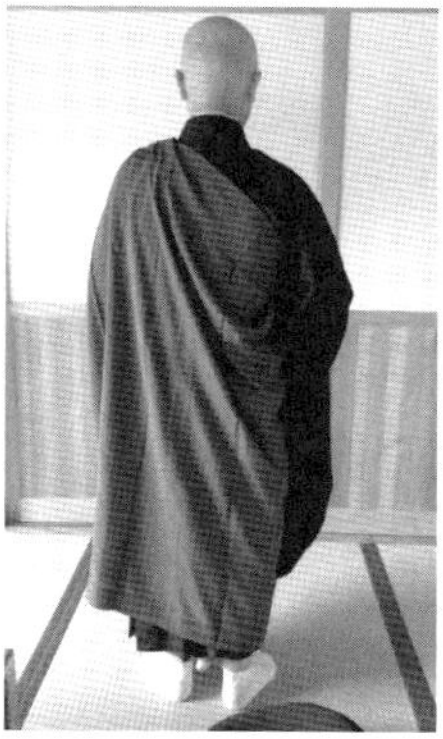

**図 12-1　木蘭色の五条衣**
安陀衣という袈裟を搭けた後ろ姿の幣老師。速やかに、そして静かに着つけられた。(2017 年、神戸・妙香寺)

[12] インドの衣装が「三衣」でいえば「安陀衣」であり、中国ではその五条衣を肌着の上半身部分とし、下にはズボンのようなものを身につけていたが、日本に入ると、着物の形状と同じく一部式になったようである（禪學大辭典編纂所 一九七八：四二一）。
[13] 松村（二〇一七）は、金襴袈裟と糞掃衣をフェティシズムの観点から論じている。
[14] 袈裟は一領、二領と数える。
[15] 「正色（赤、黄、白、黒、青）」に対して、袈裟は「不正色」となる。

## 第四節　道元を継承する高僧たち

道元禅師が『正法眼蔵』において著した釈尊由来の袈裟は、その神髄および形状や製作方法とともに、のちの弟子たちによって引き継がれていく。本節では澤木興道老師[16]（一八八〇―一九六五）を中心として、その弟子に受け継がれていく袈裟のありようを論じていきたい。

幣老師は曹洞宗の僧侶を多く輩出している駒沢大学の在籍時に、澤木老師の提唱を聴かれたり、「眼蔵会」[17]に参加されている。大学卒業時には尼僧さんの手縫いによる絡子と絡子入れを澤木老師より手渡されたとのことである（幣二〇一七：五四―五五）。筆者によるインタビューの際、幣老師は「曹洞宗は袈裟宗ともいわれる」[18]とも言及されていた。

澤木老師の生涯については、弟子である内山興正老師[19]（一九一二―一九九八）の記録をもとに、同じく兄弟子である酒井得元老師の執筆によって編集出版された書物がある。そこには、幼少よりの苦労話に始まり、軍隊での戦争体験を挟んで、稀有で壮絶な仏道修行を読み知ることができる。定住せず、家族をもたず、坐禅に邁進する澤木興道老師の口から、袈裟に対してのみ憧憬や希望のような言葉が漏れ出る記述は印象的である（酒井 一九五六：一二〇―一二七）。それは、別の宗派である真言律宗の尼僧着用の袈裟に出逢ったことがきっかけで、法服の研究の第一人者ともいうべき慈雲尊者[20]の『方服図儀』を読み解くことになり、本格的な袈裟の研究を開始することになるのだ。先行研究の書を片手に、実物の袈裟の発掘と調査に取り組みながら、出家在家の人びとに袈裟を縫うことを奨励し続けた。澤木老師の弟子の久馬慧忠《きゅうまえちゅう》老師（一九三四―）は、師の研究を引き継ぐ形で製作方法の手引きとなる書を著し、その専門性にかかわらず半世紀を経ても版を重ねて読み継がれている。さまざまな種類の「如法衣」（久馬 一九六七：二二〇―三二[21]）を多くの図版とともに解説しており、当時病床にあった澤木老師からの資料提供もあり、助言や教示も受けられたようだ。

人から人へ伝えられ、集まって教え学びながら袈裟を縫う「福田会」も設立され、現在も東京ほか地方に広がって継続している（水野 二〇〇七：一一）[22]。福田会では、絡子から糞掃衣までさまざまな袈裟が縫われており、心をこめて手縫いし寄進することをモットーとしている。袈裟を研究対象とする人びとにとって、この福田会という自発的な集まりそのものは関心の対象でもある（松村 二〇〇六：一三一－一六一、Riggs 2004：332-333）[23]。本節の最後に、久馬老師の著作へ寄せた内山老師の言葉を紹介しておきたい。

本師、沢木興道老師はつねにいわれました。「お袈裟をかけて坐禅する――それでおしまい。」と。［…］「――それでおしまい」とは、在家出家をとわず仏弟子たるかぎり「お袈裟をかけて坐禅する」という行のなかには一切

---

［16］三重県生まれ。明治二九年、一七歳のときに出家を志して、越前の永平寺に入る。同三一年、九州天草宗心寺沢田興法について得度。昭和一〇年駒沢大学教授および総持寺後堂職に就任。同三四年京都安泰寺に「紫竹林参禅道場」を開く（禪學大辭典編纂所 一九七八：三八七）。前節で紹介した幣老師とも関わりが深く、生前袈裟の研究に心身を注がれたことでよく知られる。

［17］澤木老師が定期的に開催された『正法眼蔵』を講じる会のこと。

［18］澤木老師の肉声で「袈裟宗」という言葉が確認できた。『日曜訪問』一九六五年三月放送、NHK、上山春平氏との対話（音声のみ）。〈https://www.youtube.com/watch?v=7JJk2kV0ygI（最終確認日：二〇一八年八月一二日）〉

［19］澤木老師の遷化後安泰寺住職。折り紙作家。

［20］慈雲尊者（一七一八－一八〇五）は真言宗の僧侶であったが、曹洞宗の寺院で坐禅修行をしたことも知られており、宗派を超えた交流が管見できる。

［21］袈裟は別名「如法衣」とも呼ばれ、さまざまな名称をもつ。

［22］澤木老師の袈裟の研究に随喜した橋本恵光老師より受戒後、水野氏は昭和三九年五月にほか二人の女性と共に袈裟を縫う会を開始したと記録あり。

［23］松村（二〇〇六）は、糞掃衣を縫う福田会の活動に言及している。またリッグスは、一宮福田会において集中的にフィールド調査をおこなっている。リッグス（Riggs 2004）によるとこの会は、接心参加には興味を示さず、集って縫い物をすることに喜びを感じている女性らの存在によってても支えられていると指摘される。

の仏法が籠められているのであり、それ以上なにも理屈をつける必要もなければ、何をいう必要もない。（久馬一九六七：一一）

## 第五節　海外における曹洞禅と袈裟の展開

「禅」という言葉は、「ZEN」というローマ字表記によって、日本語音での読みのままで外国語の単語として定着したように思われる。禅宗の異なる宗派や、ましてや袈裟という仏教僧の衣装について、どこまで正しい理解がなされているのだろうか。筆者自身この疑問は、まず道元禅師の袈裟に対する考え方を勉強したのち、袈裟が現在どのように伝わっているのかという研究テーマを考え始めた際に湧いてきた。本節では、二〇一七年で満五〇年を迎えた、欧州での曹洞禅と袈裟受容について考察する。まず澤木老師と内山老師が住山されていた安泰寺の現住職、ドイツ人僧侶のネルケ無方氏の著書を繙《ひもと》いてみたい（ネルケ無方二〇一三：五四-五九）。

鈴木大拙が一九二〇年に渡米したのち、英語で出版された禅仏教を紹介する書が反響を呼び、欧米人に初めて禅という言葉が知られるようになった。よく知られるように、鈴木大拙氏は教理や思想としての禅の普及には大きな貢献をしたが、「坐禅」が実践として定着することはなかったようだ。ネルケ氏も指摘しているように、「道元への言及はなかった」こととも関係しているのではないだろうか。「中国禅や白隠が紹介され」、西洋では長らく「禅＝臨済禅」であった。紹介者が臨済宗の僧侶なのだから、自然なことだといえばそうなのかもしれない[24]。

道元が欧米の言語に訳されるのは、一九四三年のドイツ語によるものが初めてであり、英語によるものは一九五八年まで待たねばならない。『正法眼蔵』は *Shobogenzo* とローマ字で置き換えられたタイトルのままで、一九八三年より九〇年代になると、名訳とされた西嶋和夫老師[25]（一九一九-二〇一四）の英訳も刊行され、アメリカでは現在スタンフォード大学のチームが翻訳に取り組む一大研究事業となっている。

ヨーロッパ禅協会を設立し、五〇年前にフランスを皮切りに坐禅を海外に広めた弟子丸泰仙老師（一九一四–一九八二）も、鈴木大拙については「先生」と呼び尊敬の念を抱きながら著作のなかで触れているが、坐禅指導のなかの文脈で登場することはない（弟子丸 一九七三：六一–七三）。弟子丸老師は澤木老師の命を受け、出家前の実業家としてのキャリアを期待されてか、単身渡欧する。豪快なパーソナリティと、澤木老師を先師と呼ぶことからも明らかなようにその徹底した坐禅中心主義は、数々の自身の著書や、「センセイ」と慕いながら弟子丸師匠のもとでひたすら坐禅に挑むフランス人の著書からも確認ができる。その「禅」とは曹洞禅であった。つまり、「お袈裟を搭けて坐禅する――それでおしまい」なのである（ブロス 一九八〇：一一一–一一三）[26]。

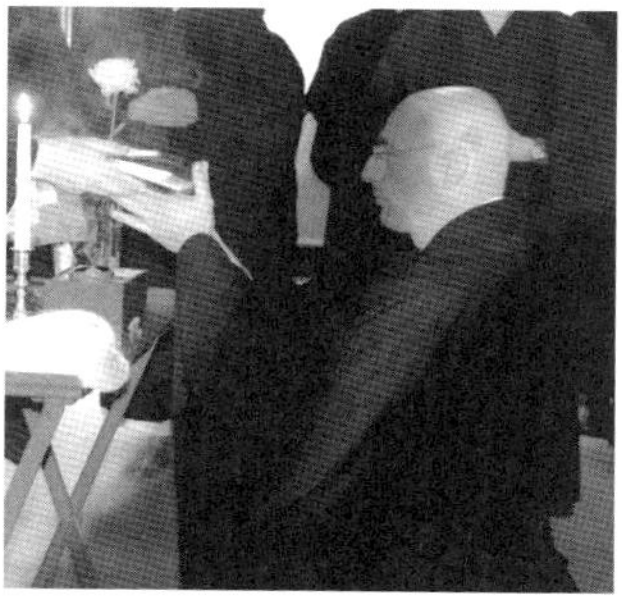

**図 12-2　得度式**
三衣を授かり、また一人フランス人僧侶が生まれるのだった。（2012 年、フランス禅道尼苑）

パリのあるアジア食料品店の地下倉庫から出発し、さまざまな場所に移転しながら運営を続けてきた坐禅道場は、やがてパリ市南部に「巴里山仏国寺」という道場の施設となり、やがてフランス中部ロアール河畔に「禅道尼苑」という道場を兼ね備えた立派な寺院も設立された（ある古城の建物と緑豊かな広大な土地をそなえていた）。二〇一六年の夏、この「禅道尼苑」で開かれた授戒会に参加した永平寺西堂の奈良康明氏が仏教誌に寄稿している。それによれば、受戒者約一五〇名のうち、僧侶と在俗信者の割合は半々で、男女比

[24] 当時の米国において、禅の普及には「二人の鈴木」が貢献したといわれている。そのうちの一人は、曹洞宗は鈴木俊隆老師（一九〇五–一九七一）であり、一九五九年に渡米し、サンフランシスコ桑港寺の住職となっている。
[25] 東京を拠点として、外国人に英語で講話や坐禅指導をおこなっていた仏教学者でもある。
[26] 得度式（授戒式）の様子も描写されている。老師から「ケサ（袈裟）」を与えられるとき、首にかけられた絡子の裏側（「白い絹の布」）に書かれた「日本＝中国風の名前」も与えられる。

**図 12-3　絡子製作指導**

ローラン尼から手ほどきをうけるスペイン人参禅者の絡子は接心の機会に少しずつできあがっていく。袈裟製作においてはテキストに書かれていないことは多いという（2017 年、フランス禅道尼苑）

もほぼ半々、全員が黒衣[27]を着用していたことが印象に残っているとのことであった。「ヨーロッパ禅協会」は現在「国際禅協会」となっているが、パリを本部としていることからも推測できるように、外国人の曹洞宗の信徒のうち半数がフランス人であるという[28]。

筆者は弟子丸老師のもとで受戒した一人のフランス人の尼僧にインタビューした。禅道尼苑において絡子をはじめ袈裟のワークショップの講師を担当しているとのこと。通称「サマーキャンプ」と呼ばれる接（摂）[29]心では、フランス全土はいうまでもなく、欧州全土から僧侶や在家信者らが集まる。受戒予定者には絡子の製作指導を、また僧侶を志す者には袈裟の製作指導をしている。

ローラン尼は弟子丸老師から坐禅指導を直接受けながら、姉弟子の尼僧を通して、袈裟の縫い方を教わったという。姉弟子に誤りを指摘されれば縫い直し、了解をもらうまでやり直しを続ける、というやりとりがあったという。そしてその後、「センセイ」から絡子を縫うように頼まれたこともあり、またさらに、多くの僧侶たちのためにたくさんの袈裟や絡子を縫ったとも述懐している[30]。なお、その縫い方は四〇年の間何一つ変わっていないということである。

しかし得度する者が増え始め、また、一九八二年に弟子丸老師が亡くなってからは、尼僧らの間で、僧侶が受戒式までに自分の絡子や袈裟を縫い仕上げられるよう、本格的に指導をおこなう体制を作り、現在はほぼそれが確立されているようである。ローラン尼は次のように語っている――「センセイは直接、袈裟を縫う技術を説明することはなかった。けれども先師の澤木老師から受け継いだ正統な方法に則って製作するようにという強い要請があった。テクニックではなくそれは袈裟のスピリット＝精神性なのだと思う。坐禅と袈裟は切り離せないものであることをまず教わった」[31]。

筆者はローラン尼からも袈裟を教わり、一年半かけて仕上げたあるフランス人僧侶（図12－2）にインタビューしたが、先とは似て非なる言葉を聞くことができた――「袈裟を縫うことは自分にとって一つの大冒険だった、それは坐禅と同じように一針一針集中して返し縫いで縫い、また繰り返し、やがてそれは知らない間に大きな長い布となって、仏の衣の一枚になっているんだ」[32]。筆者が初めてその僧侶と出会ったのは、僧侶のコスチュームを着用する以前

[27] 仏国寺と同敷地内にBoutique Zenというショップがあり、衣や着物、坐布や本などを購入することができる。禅に興味のある一般客にも開かれている。衣はフランス人が縫っているが、日本から輸入している色柄の華やかな着物も販売している。フランス人僧侶が店に立つ。

[28] 弟子丸老師は著書やテレビ番組のなかでも、フランスは禅宗の普及が容易い国であると話している。それはこの国が多くの哲学者を生んだことと関係しているという。たとえばモンテーニュやデカルトの名をあげ、道元禅師の「仏道をならうとは自己をならうこと也」という言葉を紹介し、その共通性を指摘するとともに、自己を探求するのが禅であると説明する。Sagesse Bouddhistes 1Oct. 2017〈http://www.youtube.com/watch?v=NYBNn7e7w_w（Documentaire de Michel Baulez）（最終確認日：二〇一八年八月一二日）〉

[29] 「心を摂《おさ》めて、昏沈・散乱させないこと」。「接心（Sesshin）」は、ここでは「特定の参禅者を集めて、一定の期間接心を行わせる坐禅会。この間、余事を絶って坐禅修道する」（禪學大辭典編纂所 一九七八：六六三）という意味で使われている。

[30] 日本のように法具店が身近にない環境では、自作することは自然ななりゆきのようにも思われるが、ここで、それが「手縫い」であることを見落とすべきではない。日本という極東からきた禅への憧憬や尊敬の念も、オリジナルや本物を求めることにつながるのではないか。文化の無国籍性と過剰性については、キモノの文化受容についての拙稿（小野原 二〇一七）に詳しい。

幣老師は手縫いされた経験はないとのことであったが、澤木老師から手渡されたものが尼僧の手による絡子であったことは既述の通りである。法衣店がすべて機械（ミシン）縫いというわけではなく、リッグス氏の論文で法衣店でも袈裟は丁寧に扱われて製作されていることが触れられている（Riggs 2004：351）。

[31] 二〇一七年九月中旬から下旬に行った電子メールによるインタビューからの言葉。

のことだった。そのときの印象と比べると、袈裟を搭けた姿は大きく違っていた。その印象的な言葉とともに、小さな縫い目を一つひとつ作り、心を注ぐ姿が鮮明に浮かんだ。まず瞑想から坐禅に興味をもったという。弟子丸老師と直接会う機会はなく、老師の遷化後にパリの坐禅道場に通い始めたとのことであった。坐禅を始めてからしばらくして絡子を縫い始め、やがて袈裟を縫い、弟子丸老師の直接の弟子で、南仏で寺院を開山しているフランス人老師のもとで得度したという。

弟子丸老師は著書でいう。

袈裟と坐禅が二元的でなく一如となるのである。(弟子丸 一九七三：一七六)

欧州において、如法としての袈裟は、現在もその正しい縫い方とともに伝わっている。[33]

## 第六節　結びにかえて――禅文化の可能性

執着を裁ち切るように布を裁ち切り、縫い合わせて作る袈裟。汚れた古布を洗ったり、濁った色に染めたりする袈裟。この色と形で象徴される仏教僧の衣装は、仏の教えを精神として、また着用方法とともに不変のまま伝承されてきた。内に身につける衣は、国や風土によって変化＝工夫がなされてきたが、一番上に身につけるべきは、あくまでも釈尊の律した法である袈裟なのである。それは一年中、つまり寒暑を問わず正しく搭けられている。

幣老師やローラン尼が纏うのは、その内側のものは、中国の影響もみられる日本の伝統的民族衣装であり、その外側のものは、右肩を肌脱ぐかたちの袈裟、すなわち不浄の左手を隠すためのインドの民族衣装である。服飾文化研究の観点では、三つの国の文化が異種混交した結果の、均整美の備わったスタイルにみえる。ローラン尼は、いま自分の糞掃衣を縫っているという。袈裟をたくさん縫ってきたけれど、刺し子をするのは初めてとのことである。幣老師は、長いインタビューを終えたあと、とても静かに袈裟をたたまれた。まるで初めて、その布に向われるかのように、ゆっくりと丁寧に。そして「袈裟を着ることは仏とひとつになること」と、仰った。[34]

日本にはやまとことばで手仕事や熟考するという意味で「たくみ」という古い言葉があり、漢籍の「意匠」が現れると合わさり、明治以降西洋からやってきた'design'に「意匠」があてられ、やがてカタカナの「デザイン」が一般的に使用されるようになった。明治期、近代文明の波にのまれながら、中国美術の権威のなかで、研究を続けた大村西崖のことばで最後を結びたい。

今落想ヲ因と見バ、其果ハ即實演ニシテ、意匠は僅に其縁ナリ。（樋口 二〇一六：七六）

［32］同じく、二〇一七年九月中旬から下旬におこなった電子メールによるインタビューからの言葉。

［33］米国のサンフランシスコ禅センターにおいても、袈裟を手縫いするワークショップがあることを確認しているが、連絡がつかずインタビューができない状態である。インターネット上で写真を確認した限りでは、澤木老師と弟子丸老師の製作方法によって縫っているという記述がある。つまり欧州から北米へ伝わっているといってよいだろう。聞き書きのかたちで、弟子丸老師の著作集がフランスにおいてシリーズとして発行されており、袈裟の本が一冊刊行されている。発行元はDarumaという名で国際禅センター（AZI）が、巴里山仏国寺の道場の住所が記載されている。著作権は弟子丸老師夫人である。

［34］本来の糞掃衣は褸布を拾い洗って染め直しパッチワークのように一枚の布にするが、現在そのような布を探すのは容易ではない。しかし、日本の伝統的な刺し子の手法や遠山などを配して古布を補強するデザインとしての糞掃衣が主流である。法衣店でも販売されていることから、人の執着から離れた汚れた布を洗う、最も「清浄なる」袈裟のイメージとして存在し引き継がれているのだろう。手縫いであることに加えて、刺し子の手法はいうまでもなく時間と労力がかかる。

## ◉引用・参考文献


内山興正（二〇一三）『坐禅の意味と実際――生命の実物を生きる』大法輪閣

小野原教子（二〇一一）『闘う衣服』水声社

小野原教子（二〇一四）「袈裟とファッション」日本記号学会［編］『着ること／脱ぐことの記号論』新曜社、一〇二－一一八頁

小野原教子（二〇一七）「現代イギリスファッションにおけるキモノ文化受容」『デザイン史学』一五、八三－一四七

久馬慧忠［編］（一九六七）『袈裟の研究』大法輪閣

久馬慧忠（二〇〇〇）『袈裟のはなし』法蔵館

久馬慧忠［監修］久馬栄道（二〇〇三）『けさと坐禅』法蔵館

京都国立博物館［編集・制作］（二〇一〇）『高僧と袈裟――ころもを伝えこころを繋ぐ』（特別展覧会図録）京都国立博物館

酒井得元（一九五六）『禅に生きる 沢木興道』誠信書房

スメト、M・de［編］／中沢新一［訳］（一九九六）『禅の言葉』紀伊国屋書店

禪學大辭典編纂所［編］（一九七八）『禪學大辭典』大修館書店

弟子丸泰仙（一九七三）『ヨーロッパ狂雲記』読売新聞社

道元／水野弥穂子［校注］（一九九〇）『正法眼蔵（二）』岩波書店

道明新兵衛（一九六三）『ひも』學生社

奈良康明（二〇一六）「フランス「禅道尼苑授戒会」に参加して――欧州における禅仏教への関心」『大法輪』八三（一〇）、一四－一八

西川法衣佛具店（二〇一六）『御法衣と京仏具 平成二十八年・二十九年』西川商報

ネルケ無方（二〇一三）『道元を逆輸入する――「現成公案」を英語から理解する試み』サンガ

バルト、R／佐藤信夫［訳］（一九七二）『モードの体系――その言語表現による記号学的分析』みすず書房（Barthes, R.（1967）. *Système de la mode*. Paris: Éditions du Seuil.）

樋口孝之（二〇一六）「明治20年代の意匠奨励の言説にみられる「意匠」概念――日本におけるデザイン思考・行為をあらわす言語概念の研究（七）」『デザイン学研究』六二（六）、六九－七八

ブロス、J／森本和夫［訳］（一九八〇）『SATORI体験――フランス人の参禅記』TBSブリタニカ（Brosse, J.（1976）. *Satori: Ou un début en zazen*. Paris: R. Laffont.）

幣　道紀（二〇一七）「今、道元禅師に学ぶこと」『大法輪』八四（七）、五四－五九

松村薫子（二〇〇六）『糞掃衣の研究——その歴史と聖性』法蔵館
松村薫子（二〇一七）「袈裟の裂に対するフェティシズム——金襴袈裟と糞掃衣の裂をめぐって」田中雅一［編］『侵犯する身体』京都大学学術出版会、二二一-二四七頁
水野弥穂子（一九八七）『道元禅師のお袈裟——正法眼蔵袈裟功徳を読み解く』柏樹社
水野弥穂子（二〇〇七）『『正法眼蔵袈裟功徳』を読む』大法輪閣
Deshimaru, T. (1996). *Le livre du kesa: Shobogenzo kesa kudoku: La méthode transmise*. Paris: Daruma.
Kerouac, J. (1973). *Satori in Paris*. London: Quartet Books.
Riggs, D. E. (2004). Fukudenkai: Sewing the Buddha's robe in contemporary Japanese buddhist practice. *Japanese Journal of Religious Studies*, *31*(2), 311-356.
Uchiyama, K. (1973). *Approach to Zen: The reality of zazen, modern civilization and zen*. San Francisco, CA: Japan Publications.

# 第Ⅳ部

## 「メディア」から考える
## トランスナショナル・コミュニケーション

# 第一三章　初音ミク

## ネットアイドル文化のトランスナショナル化の可能性

伊藤直哉

### 第一節　はじめに

情報技術の多様な発展は、現代社会に内在する社会活動を根源的に変化させたのみならず、その社会にいる構成員の行動や態度をも変化させている。その構成員は、ときに情報受信者であり発信者、また、ときに消費者であり製作者でもある。情報技術のなかでも、特にウェブ関連技術の進化は、コミュニケーションによる情報共有に革新をもたらし、個人の価値観やライフスタイルからはじまり、日常の態度や意思決定に至るまで、社会活動全般に影響を与えている。

このような情報環境変化のなか、本章は二〇〇七年八月三一日にデビューし、昨年一〇周年を迎えたネットアイドル「初音ミク」に焦点をあて、ミク現象・文化のトランスナショナルな現状と課題を考察し、初音ミク現象の今後の方向性と可能性を模索するのが狙いである。そもそも、ネットワーク上に成立したボーカロイド・キャラクターであるミクに、「トランスナショナル」な状態を問うという設問そのものが不自然でもある。なぜならば、ネット上のコンテンツはそもそも世界とつながっており、最初からトランスナショナルな状態にあるからである。しかしながら、ミク現象誕生のプロセスを分析することにより、本章は、ミク現象における多様なトランスナショナルな状態を見出すことになる。「日本発のネットアイドル、ミクは海外で受け入れられたのであろうか?」という設問に対する本章の答えはYesであり、同時にNoでもある。つまり、このような素朴な問いは成立しえない理由が、以下の節で語られることになる。

## 第二節　ミク現象とは何か

ミクは二〇〇七年のデビュー以来、ネットを媒介して急速に浸透し、ミク現象とも称される多様な受容がおこなわれた。そもそも「初音ミク」とは、クリプトン・フューチャー・メディア株式会社が開発したボーカロイド・ソフト（歌声合成ソフト）の登録商標名だが、広義には、そのソフトで生み出された作品群、キャラクターの総称でもある。現在の社会現象の隆盛を生み出した背景には、この開発会社のちょっとした戦略があった。ボーカロイド・ソフトのパッケージ内に、図13-1のような、身長体重などのプロフィール入り2Dイラストを入れたのである。このイラストにより刺激を受けた製作者たちは、「このミクに歌わせたい」という願望とともに、音声合成ソフトの機械性に加え、「身体性」をもたせ始める。さらにこの欲望は視聴者にも伝播し、キャラクターとして確立され始めたのである。同社のミク以前のボーカロイド製品にはなかったこのアイデアは、ミクのアニメ声優の音源とともに、同社の計画的なキャラクター化への仕掛けであった。

キャラクター性を有したあとのミクの多方面での活動は、社会現象という名に相応しい活躍ぶりを示した。ミク誕生一〇周年を記念してコンテンツ展開の総括を概観しているクリプトン・フューチャー・メディア（二〇一七）によれば、音楽、キャラクター、イラスト、動画、フィギュア、ゲーム、本、CD、ファッション、イベント、レース（イタ車）など、一一領域の展開をまとめている。これに加え、本章の特徴として、一二番目の領域として学術領域へのインパクトをあげておく。

図13-2は、二〇一二年に刊行された情報処理分野では日本最大の学術団体、情報処理学会の学会誌特集号表紙である。「CGMの現在と未来――初音ミク、ニコニコ動画、ピアプロの切り拓いた世界」という刺激的特集タイトルがつけられている。ちなみにこの特集号であるが、情報処理学会の特集号史上初の完売を記録し、増刷までの間、ヤフオクにプレミアム価格で売られるなど、何から何まで破格の特集号であった。もちろん、主としてこの特集号を

図 13-1　ミクのイラスト

図 13-2　情報処理学会学会誌表紙

買い求めていたのはミクやCGMのファンたちではあるが、多くの情報科学や社会科学の研究者を巻き込んでいたのも事実である。情報科学では、ボーカロイドの心臓部である音声合成エンジンや音声合成技術、動画編集や動画作成コミュニティの情報科学的アプローチなどが一気に隆盛となり、社会科学においても、コミュニケーション分析、人間関係や協調関係の研究など、多岐にわたった研究領域が一気に注目を浴びた。学会誌の完売は、このような学問領域の隆盛をも物語っていたのである。

ミク現象の特徴は、このような多様性と社会へのインパクトだけにとどまっているわけではない。ミク現象は単なるネットアイドルの普及とは異なり、その創造プロセスに秘密がある。次節以降は、その創造プロセスを分析してみる。

## 第三節　創造現場に現れた二人のミク

初期のミク動画創作現場では、複数の専門家集団の連携による共同的な

創造活動が盛んにおこなわれていた。「P」と呼ばれるプロデューサーを中心に、まったく異なるスキルを有している作曲、イラスト、動画作成、チューニング（ミクの音声合成調整）などの専門家や集団が集まり、共同でミクの動画が作られていたのである。この現象にいちはやく気づいていた識者はいたが、このような創造活動の現場を、データに根ざした学問として分析することは不可能であった。このようなミクの共同制作プロセスを、濱崎ら（二〇一〇）は「協調的創造活動」と命名し、データにもとづいた学問的手法により検証し、以降の研究の原点となった。濱崎ら（二〇一〇）によれば、二〇〇八年六月時点でミクの動画七一三八本の作者間引用関係割合データ表を作成し、多様なスキルを有したグループの中心に、主として作曲を担当するボカロPという役割の人物を見事に描き出している。

その頃には、ミクの動画創作プロセスにとどまらず、ネットワーク上でのコミュニケーション・コストの低下が可能とした「多様な人が参集し共同で構築する知識＝集合知」と呼ばれる現象の研究がすでに開始されていた。古くはネット上のLinux開発プロジェクトから始まり、現在ではWikipediaやQAサイトなどがその代表例である。複数の専門家が互いの能力を補完し、共同で問題解決を図る能力を、フィッシャー（Fischer 2000）は協調的創造性（Social Creativity）と呼んでいる。これら協調的創造性や集合知の研究は、主として、その成立条件をめぐって展開してきた。スロウィッキー（Surowiecki 2004）は集合知成立の条件として、以下の四つを取り上げている。各自が独立した意見を出す「独立性」、多様な人が参加する「多様性」、各自がさまざまな情報源をもつ「分散性」、参加者の意見をまとめるメカニズムの「集約性」である。スロウィッキー（Surowiecki 2004）のこの四つの条件は、ネットワークをプラットフォームとしたボカロPの活動条件とも重なる。これらの集合知と協調的創造性の共通点は、多様性の質がしばしば議論されていることにある。

ペイジ（Page 2009）は、局所的最適解（Local optimum）、全体的最適解（Global optimum）という概念を導入し、多様性の有効条件を説明している。ペイジ（Page 2009）によれば、すべての参加者が自身の局所的最適解を有してはいるが、多くの人が集まる全体的な最適解をもつことができない。このようなとき、局所的な最適解が集約されるシステムがうまく働けば、多様性の有効条件がみたされ、全体的最適解へとたどり着く。ネット上の特性を活用することにより、局所的な最適解から全体的最適解にブリッジをかけているのである。

本章では、協調的創造活動としての性格を強くもつミク現象を分析するために、多様性と集約性を考慮したペイジ（Page 2009）の局所的最適解と全体的最適解という二つの概念を取り上げる。これら二つの概念を両極に配置すれば、ミク現象は、両極間に連続的に位置づけられる現象となる。局所的最適化の極には、製作者個人の欲望が自己に最適化された表現形式のなかで選択された、いわばプロフェッショナルな作品が生み出される。ここで問われるのは、製作者個人の天賦の才であり、才能ある者の局所的最適解は、ハイカルチャーな芸術作品となる。これに対し、全体的最適化の極には、協調的な多くの人びとが集まり、各自の局所最適解を集約させ、皆に愛される人気のポップ・カルチャーコンテンツを製作する。ここで留意したい点は、一つのミク現象がどちらかの極に位置づけられているのではなく、両者は常に同時に存在し、その比率が問題だという点である。

この二極のミク現象への考慮なしに、トランスナショナル性への問いを回答することは不可能である。以下の節では、二極のミク現象の具体例を追いながら、トランスナショナル性の問いを考えてみたい。

## 第四節　個別最適化による天才のミク

ここで取り上げる個別的最適化ミクの具体例は、冨田勲とのコラボ『イーハトーヴ』も魅力的であるが、トランスナショナル事例を多く有している点で、史上初のボーカロイド・オペラ『The End』を取り上げる。『The End』は、渋谷慶一郎（音楽）、岡田利規（脚本）、ＹＫＢＸ（映像）ほか、時代の先端を担う気鋭のアーティストたちにより制作された。つまり、数名の個人による個別最適化作品である。初演は二〇一二年一二月一日山口情報芸術センターにおいておこなわれ、翌二〇一三年五月二二日、Bunkamura オーチャードホールの東京公演以降、同年一一月フラ

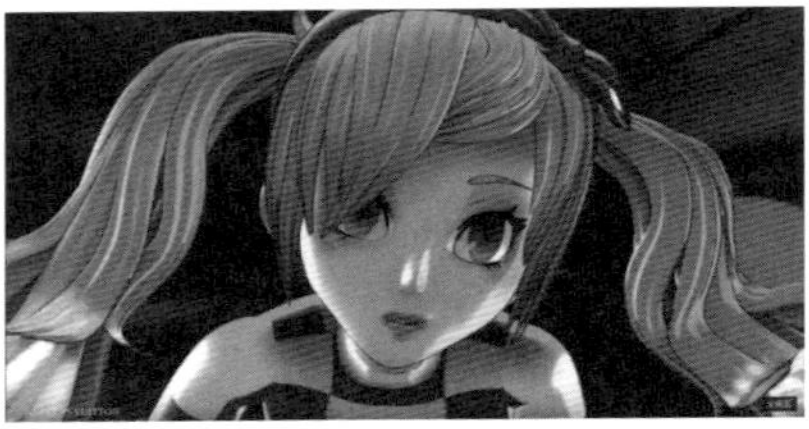
図 13-3 『The End』

ンス・パリの Théâtre du Châtelet でヨーロッパデビューを果たし、以降、ヨーロッパや中東で六回にわたり公演がおこなわれている。特に、海外初公演となったパリ公演は、ルイ・ヴィトンのアーティスティック・ディレクターとミクとのコラボが実現し、伝統的なオペラ文化の根づくパリにおいて、歌手やオーケストラが登場せず、ミクの歌うアリアやコンピュータ音響による「死とは何か？」、「終わりとは何か？」というテーマの個別最適化作品が上映された。図13-3は、そのプロモーション・ビデオであるが、現在、製作者たちのHP上で見ることができる。[1]

『The End』のヨーロッパ受容に関して、パリでの初演はヨーロッパにおけるミク受容の典型的な様相を呈していた。公演開催国により賛否両論の割合は多少の変化はあるものの、評価は極端に二分している。以下、パリ公演評価を具体的にみれば、ヨーロッパ受容のほぼ全体が推察可能である。まずフランスを代表する高級紙『ル・モンド（*Le Monde*）』は、作者渋谷氏と亡き妻の個人史に言及し、死や虚無感の世界に魅惑されたと好意的に受容していることがわかる。[2] また、フランスにおいてネット上で最も影響力のある文化情報サイト Toute la Culture.com も、伝統的なオペラを超えた、未来的でオリジナルな体験をもたらすと好意的な批評をしながらも、すべての観客が満足するようなタイプの作品でないことも記している。[3] 実際、公演の途中で席を立つ観客の存在も報じられていた。最も印象的なのは、仏を代表するオタク系サイト、DozoDoumo の反応である。ミクのコンサートを熱狂的にサポートしている普段のノリで、コスプレとペンライトならぬネギライトを準備し、集団で乗り込んだが、期待ははずれもはなはだしく、下手なアニメDVDをみているようだったと酷評した。[4] 何がなんだかわからないまま公演が終了し、唖然としていた観客も含め、フランスでは批判的な受容が他国より多かったようだが、伝統的なオペラ文化が根づいているハイカルチャー文化圏だからこそ、熱狂的受容と拒絶の対立は大きかったのだろうと思われる。

天賦の才ある個人最適化によって創作されたミク作品『The End』は、一流の芸術品であった。それだからこそ、個人的欲望の究極的実体化の宿命として、Toute la Culture.com が評したように、「全ての観客が満足するような作品」にならないのは当然である。[5] しかしながら、好き嫌いは別としても、『The End』がフランス社会に与えたインパクトは大きく、その意味では衝撃的でありながらも、しっかりと受容されていたことは間違いない。

## 第五節　全体最適化による皆のミク

ミクの創作がおこなわれているニコニコ動画の特性を的確に表現するため、「n次創作」という概念が濱野（二〇〇八）によって導入され、二次創作の連鎖が続く状況を的確に表現した概念として社会に広く浸透した。ミクの創作プロセスにもこのn次創作概念は応用可能であるが、多くのプロセスを有しているミクコンテンツの場合は少し複雑である。濱崎ら（二〇一〇）は、データによってミク動画製作プロセスのコンテンツ影響連鎖をじつに見事に明らかにした。しかしながら濱野（二〇〇八）の語るn次創作は、濱崎ら（二〇一〇）の示したコンテンツの連鎖より広く大きな段階にあてはまる概念である。ミク作品の誕生を境に、誕生前、誕生中、誕生後と三段階を想定すれば、濱崎ら（二〇一〇）のコンテンツ連鎖は誕生前のプロセス分析であり、濱野（二〇〇八）の語るn次創作は、誕生中、

［1］THE END（2012-）〈http://atak.jp/ja/project/the_end（最終確認日：二〇一八年七月二〇日）〉
［2］http://www.lemonde.fr/culture/article/2013/11/14/postiches-bleus-pour-pop-star-virtuelle_3513446_3246.html（最終確認日：二〇一八年七月二〇日）
［3］http://toutelaculture.com/musique/chronique-the-end-commencement-dune-nouvelle-aire-de-lopera-au-theatre-du-chatelet/（最終確認日：二〇一八年七月二〇日）
［4］https://dozodomo.com/bento/2013/11/15/end-lopera-de-lidole-virtuelle-hatsune-miku/（最終確認日：二〇一八年七月二〇日）
［5］本章前掲注3に同じ。

図 13-4　ニコニコ動画コメント機能

図 13-5　コンテンツ・ツリー

誕生後を包括している。本節では、濱崎ら（二〇一〇）の誕生前分析を引継ぎ、n次創作におけるコンテンツの誕生中、誕生後の協調的創造活動を明らかにし、全体最適化ミク作品の全プロセスを明らかにしたい。

図13-4は、ニコニコ動画のコメント機能である。動画上に、視聴者が自由にコメントを載せている。濱野（二〇〇八）により「擬似同期」と名づけられたこの機能は、視聴者同士が擬似的にコンテンツを共有しているような錯覚を感じられるために命名されたが、同時に、製作者と視聴者の擬似同期も可能にしている。多くの作者はコメント機能を活用し、β版の発表中に視聴者からの生のリアクションを、フィードバックとして活用している。逆に視聴者からみれば、視聴者の要望を伝えることにより、間接的にコンテンツ制作に関わることも可能となる。この擬似同期機能は、コンテンツ誕生中の視聴者と視聴者、視聴者と製作者の協調的創造活動を作り上げていることになる。

図13-5は、ニコニコ動画内にクリエーター・サポート機能として設置されているコンテンツ・ツリーと呼ばれるサービスである。n次創作の親子関係を図のように登録することにより、簡単に関係を構築し、示すことが可能である。自分の作品が真中にあり、上部が親作品、下部が子作品群となる（これは図13-4とともに、アーティストlivetuneによる『Last Night, Good Night』と題された作品の、二〇一七年一二月一日時点での構造である）。本作品において親作品はなく、子作品は二七作品となっている。作品完

成後のｎ次創作、協調的創造関係の連鎖がツリー構造で明らかになっている様子がみてとれる。

ミク作品は、作品誕生前では異なるスキルを有する製作者間の協調関係が、作品誕生中では視聴者と製作者との協調関係が、作品誕生後では自身の作品が親となり、子作品に影響を与える協調関係が構築されている。ｎ次創作の連鎖が、作品誕生の前中後を経てネット空間上で継続し、協調的創造コミュニティ内で交流がおこなわれているのである。この製作コミュニティ内では、まさに、全体最適化によるミク生成プロセスが進行しているのである。全体最適化されたミクは個別最適化のミクとは異なり、皆に愛される、皆のミクと呼ばれるのに相応しい。

## 第六節　結びにかえて――ミクのトランスナショナル性再考

そもそもミクコンテンツは、個別最適化か全体最適化かという二者択一ではなく、両者が混在するバランスにより成立している。個別最適化された『The End』のような芸術作品や、全体最適化された『Last Night, Good Night』のような完成コンテンツはトランスナショナル性が高く、異文化圏でも受容されやすい。完成された全体最適化コンテンツは、当該言語の字幕スーパー挿入というかたちで受容がおこなわれ、その後、徐々にオリジナルコンテンツの製作者が引き続く。しかしながら、社会におけるミク現象を支えているのはミク現象の連鎖であり、ミク製作コミュニティ、つまり、協調的創造活動の連携ネットワークである。モノとしてのコンテンツが移動し、翻訳され、受容されるのは容易である。しかしながら、ミクを生み出す人間関係はトランスナショナルとなるであろうか。協調的創造活動の連携ネットワークなくしてミクは育たない。「ミクはトランスナショナルか?」という問いの答えの鍵は、協調的人間関係はトランスナショナルに移動可能かという問いの答えのなかにありそうである。

## ◉引用・参考文献


クリプトン・フューチャー・メディア（二〇一七）『初音ミク10th Anniversary Book』KADOKAWA

濱崎雅弘・武田英明・西村拓一（二〇一〇）「動画共有サイトにおける大規模な協調的創造活動の創発のネットワーク分析——ニコニコ動画における初音ミク動画コミュニティを対象として」『人工知能学会論文誌』二五（一）、一五七―一六七

濱野智史（二〇〇八）『アーキテクチャの生態系——情報環境はいかに設計されてきたか』ＮＴＴ出版

Fischer, G. (2000). Symmetry of ignorance, social creativity, and meta-design. *Knowledge-Based Systems Journal*, 13(7-8), 527-537.

Page, S. E. (2009). *The difference: How the power of diversity creates better groups, firms, schools, and societies*. Princeton: Princeton University Press.

Surowiecki, J. (2004). *The wisdom of crowds: Why the many are smarter than the few and how collective wisdom shapes business, economies, societies and nations*. New York: Doubleday.

# 第一四章　インターネットはアイドルのローカル性を再編成する

## メディアとコミュニケーションの視角から考えるアイドル受容の現在

谷島貫太

### 第一節　はじめに――コミュニケーション的存在としてのアイドル

日本におけるアイドルという文化現象が、日本のメディア文化圏を越えて海外へと広まっていくというポテンシャルはインターネットの登場によって飛躍的に増している。本章が試みるのは、そのポテンシャルについてメディアとコミュニケーションをめぐる視点から検討することだ。その際に本章ではアイドルを、メディアを介してファンとコミュニケーションする存在であると位置づける。そのうえで、アイドルという文化現象を成立させているメディアとコミュニケーションの結びつきを解きほぐしていくことによって、アイドル文化が日本のメディア文化圏から越境していく可能性の条件について掘り下げていく。

本章が直接に扱うのはごく限られた対象である。具体的には、ＡＫＢ48とももいろクローバーＺという二つのアイドルグループに主な焦点をあてる。これはこの二つのグループが、日本においてインターネット文化がある程度成熟し、ＳＮＳや動画公開プラットフォームが整備されてきた二〇〇六年以降で、インターネットと内在的に結びつくことで大きな成功を収めた先行的かつ代表的な存在であるからだ[1]。

メディアを介してコミュニケーションする存在としてアイドルを位置づける際に、まず比較対象になってくるのはテレビタレントである。西兼志はアイドルをメディア論的な視点から論じる試みのなかで、テレビタレントは「コミュニケーション的存在」であると指摘している（西 二〇一七：五〇）。テレビタレントは、歌や演技などの完成された表現を提示するのではなく、テレビを介して視聴者とのコミュニケーションを活性化し、そのことで視聴者の共感や感情移入などを引き出していく。これは、言語学者のロマン・ヤコブソンが「交話機能」と呼んだものにあたる（ヤコブソン 一九八四：一〇一–一一六）。「交話機能」とは、なんらかの情報を伝達するその手前で、コミュニケーションそのものを成立させる機能を指す。テレビではさまざまな情報内容が視聴者に提示されるが、それらはテレビタレントというコミュニケーションの担い手によって視聴者に届けられる。テレビで伝達される「内容」を、視聴者に「関係」づける役割をテレビタレントは果たしている、といってもいいだろう。

テレビタレントにおいては、「内容」を届けるための「関係」というものが前景化していくが、このことはある程度、アイドルという存在にもあてはまる。しばしばアイドルは、アーティストという存在と対比され、歌唱やダンスなどの表現の不完全さが批判される。しかしそれでもアイドルが成立するのは、その受容を最終的に支えているのが表現の「内容」ではなく、ファンとの間に築かれた「関係」であるからだ。もちろんアイドルにおいても歌や踊り、あるいは演技などの表現「内容」も重要になってくるが、しかしあくまでもそれらは「関係」と不可分に結びつくことによって初めて意味をもってくる。というよりも、「関係」と結びつくからこそ、完成された表現よりもより強力な感情を引き起こしうる、という点がアイドルという文化現象の可能性であると考えられる。

本章は、コミュニケーションの関係を生み出していくというアイドルの基本的な特徴に着目しつつ、それがインターネットというメディアとどのように結びついていったのかを二つのグループの事例に即してみていくことで、アイドルという文化現象の越境の可能性の条件について検討していく。

## 第二節　ＡＫＢ48とコミュニケーションの関係のプラットフォーム

二〇〇五年一二月、秋葉原のＡＫＢ48劇場でＡＫＢ48が初めての公演をおこなった。当時のメディア環境を振り返っておくと、二〇〇四年にｍｉｘｉやFacebook（日本語版は二〇〇八年）などのＳＮＳが立ち上げられ、二〇〇五年にはYouTube、二〇〇六年末にはニコニコ動画（現niconico）の実験サービスが開始されている。二〇〇七年には動画配信サービスUstreamが開始し、二〇〇八年にはiPhoneが発売され、スマートフォンの普及に火をつけた。ＳＮＳを介したコミュニケーションや、ネット上での動画コンテンツの共有が急速に一般的になっていくまさにそのタイミングでＡＫＢ48は誕生したのだ。しかしここで重要なのは、ＡＫＢ48がこの新たに登場しつつあったメディア環境と内在的に結びついていた、という点だ。

ＡＫＢ48以前、ほとんどのグループはテレビというメディアと不可分に結びついていた。さらには多くのグループが特定のテレビ番組によって生み出されてきた。一九七一年に放送が開始された公開オーディション番組『スター誕生』（日本テレビ、一九七一-八三年）は、山口百恵、桜田淳子、森昌子の「花の中三トリオ」をはじめとする日本を代表するアイドルを生み出してきた。またＡＫＢ48の母型ともいえるおニャン子クラブも、一九八五年に放送開始された『夕やけニャンニャン』（フジテレビ、一九八五-八七年）の番組内のオーディションコーナーで選ばれていった。

これらと比較するとＡＫＢ48の拠点は、テレビやマスメディアではなく秋葉原に常設された劇場であった。収容人

---

［1］扱う対象を女性アイドルグループに限定しているのは、インターネットとの結びつきという点において、日本における男性アイドル文化を代表するジャニーズ事務所が、インターネット上での露出について極めて保守的な態度をとっており、そこに先行的な現象を見出すことができないからである。近年では、ももいろクローバーZが所属する芸能事務所スターダストプロモーションによるEBiDANなど、インターネットを全面的に活用する男性アイドルも登場してきているが、その手法はももいろクローバーZなどの女性アイドルで展開された方法論を活用するという性格が強い（田中二〇一六：二〇一）。

数二五〇人の、二本の柱が視界を邪魔する小さな空間を拠点としてAKB48は少しずつファンを増やしていった。のちにAKB48はテレビをはじめとするマスメディアをジャックしていくことになるが、それはマスメディアの外で盛り上がっていた人気をあとからマスメディアが取り込んでいったのであり、その基礎となる人気はマスメディアの外で作られていったのだ。そしてそれを可能としたのは、いうまでもなくインターネットである。劇場での公演は、満員になっても二五〇人しか入らない。しかしその公演の感想がインターネット上に拡散されることで、劇場の収容人数をはるかに超える対象へと届けることができる。かつてはこうした小規模な公演が広い注目を集めるには、テレビや新聞、雑誌などのマスメディアに取り上げられる必要があった。しかしその段階で、すでに時代は変わっていたのである。

テレビで放送されるパフォーマンスは、数百万人から数千万人という規模で共有される。紅白歌合戦で歌われた歌は、国民の多くが知っている共通の文脈となる。かつてアイドルは、テレビで歌い、バラエティ番組に出ることでファンとの関係性を作っていた。対してAKB劇場での公演は、一回ごとに最大で二五〇人しか共有できない小さな関係である。さらに、握手会などのいわゆる接触と呼ばれる機会ともなれば、アイドルとファン一人ひとりが共有する個別の関係である。しかしそれらの小さな関係は、インターネットがあることによって、ファン自身の語りによって拡散させることができる。アイドルとファンとの間で築かれたコミュニケーションの関係が、ファンによる発信を介してさらに拡張していくのだ。そこで拡散されていくものの中心は、楽曲や公演といった作品ではなく、アイドルを中心としたコミュニケーションの文脈である。文脈がこのように拡散され、一人でも多くの人に共有されていく過程において、一人ひとりのファンが重要な役割を果たしていくのだ。

AKB48の活動は、大きく三つのレイヤーに分かれている。AKB48グループ全体、チームAやチームB、あるいはユニットなどのサブグループ、そしてメンバー個人である。そしてそのどのレイヤーでも「競争」の要素が組み込まれている。誰がグループ全体の選抜メンバーになるか、誰がユニットでセンターになるか、握手会や総選挙の順位はどうなるか、などなどである。

競争には、つねに残酷さがつきものである。そしてその残酷さは、野次馬的な関心を呼び覚ますとともに、残酷な環境に置かれて苦闘するメンバーへの感情移入を引き起こす。[2] 競争からはさらに、さまざまな物語が派生していくことになるが、それらの物語が価値をもつのは、そのベースに物語の登場人物への感情移入が成立している場合に限られる。競争の物語の「内容」以前に、その登場人物への感情的な「関係」のほうが先行するのだ。境は、それぞれのレイヤーにおいて多様な競争を生み出していくＡＫＢ48の戦略を、「メタドラマツルギー」と呼んでいる（境二〇一四：一三五）。多様な競争の物語を生み出し、それらを集約していくプラットフォームとしてＡＫＢ48が機能しているという指摘だが、重要なのは、それらの物語の根底に、物語の価値を担保するメンバーへの感情移入という「関係」が創出されているという点だ。ＡＫＢ48は多くの物語群のプラットフォームであると同時に、あるいはそれ以上に、アイドルとファンとの小さな関係群のプラットフォームでもあるのだ。

ＡＫＢ48をそれ以前のアイドルグループと決定的に区別する特徴の一つとして、そのビジネスモデルをあげることができる。おニャン子クラブでもモーニング娘。でも、あるいはそれ以外のアイドルにおいても、レコードやＣＤといったパッケージの売り上げは、ビジネスモデルの中心的な位置を占めていた。ＡＫＢ48もＣＤの売り上げでさまざまな記録を打ち立てているが、周知のようにその内実はそれまでのアイドルとはまったく異なっている。ＡＫＢ48以前から、ＣＤを売るためにＣＤに握手券をつけるという手法は存在していた。しかしＡＫＢ48のビジネスモデルは、握手券というアイドルと接触する権利を販売する流通経路としてＣＤというパッケージを利用している、という点でそれ以前の握手券付きＣＤとは本質的に異なっている。そしてこの戦略の巧みな点は、握手券の売り上げがＣＤの売り上げとしてカウントされることで、オリコンなどのチャートの上位に顔を出すことになる、というところにある。

［2］これはテレビにおけるリアリティショーの手法を応用したものといえる。

このことによって、ランキング番組などの既存のマスメディアに、ＡＫＢ48が自然に露出していくようになる。

ここには、じつはとても奇妙な事態が生じている。ＣＤというパッケージは、本来は作品としての音楽を流通させる商品形態である。それゆえヒットチャートの上位に位置する作品は、社会で広く受け入れられた作品であるはずなのだ。しかしＡＫＢ48のファンがＣＤというパッケージを通して購入しているのは握手券であり、またそれによって可能となるアイドルとの接触という出来事である。さらにいえば、数秒間の握手を通して双方向的に生み出されていく、一人ひとりに完全にカスタマイズされた小さな関係である。それらは社会に広く共有されるような作品とは異なる何かであるはずなのだ。しかし握手会という体験を通して生み出されていく個別の小さな関係群は、ＣＤというパッケージに付された握手券という商品形態を介することで、社会に広く受け入れられた作品であるかのようにヒットチャートの上位に現れる。個別的な経験である接触という出来事の集合が、社会で広く認知された作品という形態に変換されるのだ。ＡＫＢ48には、たしかに誰もが知っている大ヒット楽曲がいくつも存在する。しかし、ファン以外は誰も知らない楽曲でも、二〇一一年の二月に発売された『桜の木になろう』以降、ＡＫＢ48はすべてのシングルで一〇〇万枚以上売り上げている。

ＡＫＢ48グループのいわゆる「握手券ビジネス」は、しばしばヒットチャートを歪めるものとして批判の対象となってきた。たしかに社会で広く受け入れられた作品を示す指標としてのヒットチャートが、握手券ビジネスによって混乱することは間違いない。しかし、アイドルというジャンルがそもそも作品ではなくファンとの文脈を作ることをその活動の中心にしているのだとすれば、アイドルのビジネスモデルとして、握手会というアイドルとファンとの小さな文脈を生み出す接触から収益をあげることは、むしろ本来的なあり方であるといえる。逆に、受け手との関係を作り出すことを使命とするアイドルが、レコードやＣＤの売り上げという作品のパッケージで利益をあげるというビジネスモデルの方がいびつである、という考え方もできるだろう。マスメディアの時代には、小さなコミュニケーションの関係を一つひとつ拾い上げ、それらを大々的に総合していくことは困難であった。しかしインターネットとその成熟とともに登場してきたさまざまなコミュニケーション手段は、それまでには不可能であったことを可能とした。ＡＫＢ48は、この新たなメディア環境を全面的に活用することで、ミクロなコミュニケーションの関係を生み出すことをベースとした新たなビジネスモデルを立ち上げたのだ。

## 第三節　ももいろクローバーZと同志的関係性

ＡＫＢ48の成功を受けるかたちで、その後多くのアイドルグループが生まれていく。二〇一〇年頃からはアイドル戦国時代といった呼称も登場してくることになるが、そのなかでも飛び抜けた存在感を示し、ＡＫＢ48と伍する存在となっていったのがももいろクローバー（二〇一一年に「ももいろクローバーZ」に改称、通称「ももクロ」）である。このももクロもまた、インターネットを巧みに用いることで、アイドル文化に新たなムーブメントをもたらした存在であった。そこで確立されていったのは、ファンとの間に関係を作っていく際の新たな方法論である。

ＡＫＢ48は、大人数グループであるという利点を最大限に活かして、アイドルとファンとの小さな関係を無数に生み出し、それらをとりまとめるプラットフォームになるという戦略をとっていた。東京ドームでの公演など、グループとしての大目標も掲げられてはいたが、それはＡＫＢ48とファンとの間の関係の中核をなすものではない。しかしももクロにおいては、ＡＫＢ48と対照的に、グループとして掲げた大きな目標が、グループとファンとの間で結ばれる関係の大きな核となっている。[3] モーニング娘。の誕生に際しても、五日間で五万枚のＣＤを売り上げるという課題が課せられ、これをグループメンバー全員でクリアしていく、という物語が重要な役割を果たしていたが、[4] これはあ

[3] ＡＫＢ48については「メタドラマツルギー」という表現を用いていた境は、ももクロについて「ドラマツルギー」という表現を用いている（境二〇一四：一四一）。ももクロにおいては、グループ全体で一つの大きなドラマを成立させていくことが重要になっている。

くまでもテレビというマスメディア上でおこなわれた文脈生成である。それに対してもももクロは、インターネットを全面的に活用することで、達成すべき目標を提示し、それを核として新たなファンを巻き込んでいった。

ももクロは二〇〇八年に結成された。当初グループメンバーは流動的であったが、二〇〇九年からは六人体制になる。ももクロの活動の軌跡をたどるドキュメンタリー作品『はじめてのももクロ』に、ファンの前でグループの目標を初めて発表する場面が収められている。運営から渡された紙を開いたメンバーが、「ももいろクローバーの使命が判明しました」と前置きをしながら、「二〇一〇年に紅白に出場します！」と宣言する。二〇一〇年のことだ。この場面からは、この発表の瞬間まで紅白歌合戦出場という目標設定をメンバーも知らず、一種のサプライズに近いようなかたちで、メンバーとファンが同時に目指すべき目標を共有する、というスタイルがとられていることがわかる。このスタイルは、さまざまなかたちでこれ以降も踏襲されていく。

あらかじめ用意された完成度の高い表現を提供するのではなく、ある状況に置かれたことに対するリアクションを提示すること――これは、テレビタレントが果たす中心的な役割の一つであり、受け手（視聴者）の共感を引き出す基本的な手法である。[5] ステージ上でサプライズ発表に驚くももクロメンバーは、リアクションを通して共感を生み出すというテレビタレント的な機能を、マスメディア上ではなく、ライブのステージという、受け手との関係性がより近い場で果たしているといえる。[6] ももクロのライブ演出の多くは、二〇一〇年の冬に開催された最初のホールコンサートから現在に至るまで、もともとテレビのバラエティ番組の演出家であった佐々木敦規が手がけている。ももクロのコミュニケーション戦略の一部は、テレビ的なコミュニケーションを、ライブを活動の中心に据えるアイドルに応用することで作り上げられているのだ。

ももクロのライブでは、意外なゲストの登場や常軌を逸したといっても過言でない余興など、さまざまなサプライズ演出が盛り込まれているが、その中心をなすのは、次のライブの会場発表である。ライブ会場の発表の演出は、その他のサプライズとは性格を異にする。ももクロはある時期まで、ライブをおこなうごとにライブ会場の規模を大きくしていった。より規模の大きな会場でライブをおこなうということは、グループの人気をより高めていくことでもあり、それはすなわち紅白出場というグループが掲げた目標に近づくことを意味した。しかし同時にそれは新たなミッションの知らせでもある。さらに大きな会場でのライブを満員にするためには、その時点よりもファンを増やさなければならない。次の会場を満員にできなければ、そのさらに次のステップに進むことができないのだ。

モーニング娘。においても、五日間で五万枚の売り上げを達成するというミッションをクリアしていくその実質的な主体は、メンバーであると同時に、番組の視聴者であるファンたちであった。しかしその当時、ファンにできることは限られていた。CDを買い、あとは身近な友だちに声をかけるくらいがせいぜいだ。しかしインターネットがもたらした新たなメディア環境は、ファンがアイドルのためにできることを飛躍的に増やした。ファンは直接の知り合いに声をかけるだけでなく、ブログやSNSなどを通して応援するアイドルについて発信することができる。ただしたんに文章だけでは、興味をもっていない相手を振り向かせるのは容易ではない。そこで威力を発揮したのが動画である。ももクロが飛躍的にその動員数を伸ばしていった二〇一〇年以降の時期には、YouTubeもニコニコ動画もUstreamもTwitterも充分に活用することができた。ブログやSNSに、熱心なコメントとともにライブなどの動画が紹介され、それをきっかけとして興味をもった人たちがライブに参加する。たんに動画を紹介するだけでなく、ももクロの魅力を紹介するために独自に動画を編集してYouTubeやニコニコ動画にアップする、ということも

[4] そこではリアリティーショーと呼ばれるドキュメンタリー要素を組み込んだバラエティの番組制作の手法が用いられている。その経緯についてはさやわか（二〇一五：一三三－一三八）、西（二〇一七：八五－八六）参照。

[5] 西はテレビタレントが海外の場そのものや文化を体験しながら紹介するテレビ番組の分析を通して、「リアクション」がテレビ的コミュニケーションにおいて果たす役割を明らかにしている（西二〇〇八：一六七－一六九）。

[6] AKB48グループにおける組閣（メンバーのグループ移動）の発表など、ほかの多くのグループもさまざまなサプライズ演出によってアイドルとファンとの一体感を作り出している。

おこなわれた。なかには、ファン制作の動画で数百万回以上の再生を記録したものもある。[7] ある程度、客観的に距離を置いたうえでファンが積極的にアイドルの価値を読み込んでいく「虚構ゲームへの自発的参加」（稲増 一九八九：二一七）からさらに進んで、リアルな目標を共に目指して歩んでいく「同志関係」とでも呼ぶべき関係が、インターネットというメディア環境によって具体化していったのだ。

ももクロの運営自身もインターネット環境を全面的に活用していった。特に重要な役割を果たしたのは、動画配信サービスの Ustream である。ライブの配信がなされることもあったが、ももクロの Ustream 配信の中心は、楽屋裏の様子などの日常的とも呼べる光景だ。メンバー同士が、ときにはスタッフも交じって、他愛のないおしゃべりをしたり、じゃれ合ったりしている様子が、しばしば予告もなく突然配信された。リアルタイムで見ることができなくても、動画はアーカイブとして残るのであとからでも視聴できる。このような配信を通して培われるのは、大きな目標に向かってつむがれる大きな物語とは異なる、メンバーに対する身近さの感覚である。[8] ある時期までのももクロは、握手会などのいわゆる接触と呼ばれるファンとの交流の機会も作っていたが、Ustream での何気ない日常の配信は、それとは異なる近さの感覚を生み出した。握手会が作り出すのは個々のファンとの一対一の個別の近さの関係だが、配信された動画が作り出すのは、ファンが広く共有する近さの関係である。紅白出場などの大きな目標がファンにとっても切実なものとして表れるのは、Ustream で配信されるももクロメンバーの「素」の姿が、共感と感情移入の土壌を作っているからなのだ。

テレビとインターネットの大きな違いの一つとして、後者にはアーカイブ機能が備わっている、という点をあげることができる。テレビ番組がフローとして流れ去っていくのに対して、インターネットにおいては多くの情報やコンテンツがアーカイブされて残っていく。前述の Ustream 配信動画もアーカイブ化され、インターネット上でいつでもアクセスできるようになっていた。ほかにもさまざまなライブ動画やテレビ出演時の動画が、YouTube やニコニコ動画などの動画公開プラットフォームから見ることができるようになっている。このことは、ももクロをめぐる文脈の共有という点で極めて大きな意味をもっている。あとからももクロに興味をもったファンも、これらのアーカイブを通して、いわば「独学」でももクロの文脈を共有していくことができる。どれだけ遅れて興味をもったとしても、インターネット上のアーカイブがいわば高速道路の入り口となっており、歴史を駆け抜けて一気に現在まで追いつくことができるのだ。

インターネット上のアーカイブには生の素材だけが置かれているわけではない。公的な文書館などの体系的なアーカイブとは異なり、インターネット上で残っていくものは、それをアップロードする者があえて残したいと思ったものだけだ。いわば、見ておくべき記録が一定の選別のプロセスのもとで残されていくのであり、あとからその歴史に参入するファンは、効率よく重要性の高い歴史を吸収していくことができる。また加えて、インターネット上でアーカイブされた記録には、さまざまな解釈や解説が付されている場合もある。たとえばニコニコ動画にアップされている動画には、ユーザーからのコメントがあとから重ねられていくことになる。それらのコメントの一部は、当該の動画がどういう文脈のなかにあるもので、またどういう読み込みが可能であるのかを教えてくれたりする。動画に自然と解説がついていくのだ。また、ファンがより積極的に解説をつけた動画もある。ファンのなかでは「伝説」として語り継がれるような出来事が、インターネット上のアーカイブに解説付きで残され、誰でもあとからそこに参入できるような環境が作り上げられているのだ。

ももクロは、インターネットという新たなメディア環境のポテンシャルを最大限に活用することで、ファンとの親密なコミュニケーションの関係を築きつつ、同時に大きな夢を叶えるという物語を設定することで、ファンによる積

［7］最も再生数が多かった動画は、本章の執筆時点ではYouTubeから削除されていた。
［8］香月はネットメディアを通してアイドルの「素」がファンと共有されていく事態を「アイドルのパーソナリティがコンテンツになること」だとしている（香月二〇一四：一三九）。この手法は、ももクロだけでなく同時代の多くのアイドルによって展開されている。

極的な参加を促し、遠心的なムーブメントを作り上げていった。もちろんこの手法はももクロだけの専有物ではなく、ももクロ以後、あるいはももクロと並行して、多くのアイドルが同様の手法を展開していくこととなった。ももクロは、インターネット文化がある程度成熟した時点での可能性を最も鮮やかに具体化していった代表的な事例の一つであるのだ。

## 第四節　結びにかえて——インターネットはアイドルのローカル性を再編成する

コミュニケーション学者のダニエル・ブーニューは、コミュニケーションと情報とを対比して、前者には原理的な閉鎖性がともなっていることを指摘している（ブーニュー 二〇一〇：一二一–一五二）。ここでブーニューがコミュニケーションと呼んでいるのは、感情や情動をベースとした共感的な他者との結びつきのことだ。共感をベースとする集団に参入するには、共感を共有するしかない。これはアイドルからスポーツ、国家や宗教にまで共通する事態である。

対してここで情報と呼ばれているのは、理性によって理解され、解釈される対象のことだ。ジャーナリズムにおける事実や学問的な知見などがこちらに分類されるだろう。両者の対比を別の観点から捉えなおすならば、コミュニケーションは特定の共感の場と結びついたローカルなもの、情報は世界のどこにおいても通用しうるユニバーサルなもの、と位置づけなおすことができるだろう。この対比でいえば、おそらく芸術的な作品と呼ばれるものは、感情や情動をベースとしながらも、それを作品として昇華することによってユニバーサルな価値を獲得するもの、として位置づけられると思われる。

一般にマスメディアとされるものは、この区別でいえばローカルなものだといえる。マスメディアはマスコミ（マスコミュニケーション）とも呼ばれるが、そこで中心的な役割を果たしているのは、視聴者との関係を作り出すテレビタレントたちである。そしてテレビタレントという存在は、どこのメディア文化圏においても、その内部でしか知られていない。著名なハリウッド俳優は世界中で知られているが、アメリカの著名なテレビタレントはアメリカ国内でしか知られていない。それは、テレビタレントという存在が、ローカルな場におけるコミュニケーションをおこなう存在であるからだ。しばしばマスメディアとの対比でローカルメディアという言い方がされるが、ブーニュー流のコミュニケーション論に従うならばこの対比は不正確だ。全国メディアと地方メディアは、たしかに規模の違いはあるが、しかしどちらも特定のメディア文化圏の内部で通用するローカルなコミュニケーションを展開しているという点では、同様にローカルな性格をもっている。ここでいうローカルとは、テレビタレントが視聴者に語りかける、その〈いま・ここ〉が共有される場である。

テレビタレントよりもはるかに名前が知られていないとしても、芸術家と呼ばれる人たちはローカルな存在ではない。彼／彼女らが作り出す作品は、特定の〈いま・ここ〉において特定の誰かに対して向けられたものではなく、潜在的にはすべての人に向けられたユニバーサルなものであるからだ。学者やある種のジャーナリストも同様だろう。対してアイドルは、その活動の中心が関係を作り出すことにあるという点で、徹底的にローカルな存在であるといえる。彼／彼女たちは、共感にもとづく関係が生み出される特定の場にあくまでも紐づいているからだ。しかしアイドルたちのローカル性の具体的な発現のされ方というものを考えてみると、インターネットの登場前と登場後では、事情がまったく異なることがわかる。

日本のアイドルが活躍する舞台がマスメディアしかなかった時代において、アイドルのローカル性の範囲は、日本ローカルのマスメディアがカバーする範囲内に限定されざるをえなかった。しかしインターネットは、マスメディアが画するローカル性とはまた別のかたちでのローカル性を築き上げていくことを可能とした。ＡＫＢ48の場合、マスメディアレベルで展開されるマスなローカル性からはこぼれ落ちてしまう、ミクロでローカルな関係性を大量に生み出し、それを総合していくという戦略を開発した。ももクロの場合、ミクロでローカルな関係性に、紅白出場などの大きな物語を結びつけ、それによって雪だるま式にローカルの規模を拡大していくという戦略をとった。これらの戦略は、マスメディアで取り上げられるか取り上げられないか、というどちらかの選択肢しかない状況下においては、そもそも成立しえないものだ。

ＡＫＢ48ももクロも、どちらもそのローカルの規模を飛躍的に拡大していくことによって、最終的にはマスメディアでも取り上げられることになり、国民的な知名度というかたちでマスなローカル性を手に入れることとなった。しかしここで重要であるのは、インターネットをベースとして成立していったローカルな関係性は、マスメディアが画するローカルの範囲を越えて拡張していくことができるという点だ。実際、ＡＫＢ48でもももクロでも、またほかのアイドルにおいても、インターネットを介して海外のファンを獲得していくという状況は至るところでみられる。これは、アイドル文化がローカル性を克服してユニバーサルな価値を獲得していったことを示すのではなく、アイドル文化が生み出すローカルな関係性が、根茎が伸びていくように、日本の既存のメディア文化圏の境界を越えて広がっていきつつある、ということを示すのだと思われる。インターネットは情報のユニバーサルな流通を可能とするだけではなく、コミュニケーションのローカル性の布置を大きく組み替えてもいくのであり、アイドル文化もまたそうした地殻変動にのって越境のプロセスのただなかにあるのだ。

最後に、日本のアイドル文化の越境のもう一つの可能性に言及することで本章を閉じたい。コミュニケーションの関係を作るということがアイドルという存在の中心的な役割であるということは、アイドルによる歌や踊りといったパフォーマンスのなかに、関係作りのための素材あるいは土台という性格があるということを意味している。しかし、コミュニケーションの関係を作ることとパフォーマンスの内容との関係性は、必ずしもネガティブなものではない。むしろここにはパフォーマンス内容の自由さという可能性が秘められている。アイドルは、ファンとの関係性を作り、伝えることそのものを専門とするのだから、そこで伝えられる内容にはどのようなものでも代入できる。実際に、さまざまなジャンルの音楽やパフォーマンスを届ける手段として、アイドルという存在が使われている。新たな表現を生み出すための実験場として、コミュニケーションの専門家としてのアイドルが機能する可能性があり、実際、PerfumeやBABYMETALといった、海外でも広く受容されるアイドルの事例も登場してきている。しかしこの点については、メディアとコミュニケーションの観点からの考察という本章の課題を大きく超えるものであるため、可能性の示唆にとどめ本章を閉じたい。

## ◉引用・参考文献


稲増龍夫（一九八九）『アイドル工学』筑摩書房

香月孝史（二〇一四）『「アイドル」の読み方――混乱する「語り」を問う』青弓社

境　真良（二〇一四）『アイドル国富論――聖子・明菜の時代からAKB・ももクロ時代までを解く』東洋経済新報社

さやわか（二〇一五）『僕たちとアイドルの時代』星海社

田中東子（二〇一六）「〈スペクタクル〉な社会を生きる女性たちの自律化とその矛盾」松本健太郎［編］『理論で読むメディア文化――「今」を理解するためのリテラシー』新曜社、一九二－二〇一頁

西　兼志（二〇〇八）「日本のテレビの「世界」――「世界系」の番組から見たパレオTV／ネオTV」水島久光・西　兼志『窓あるいは鏡――ネオTV的日常生活批判――附ウンベルト・エーコ「失われた透明性」』慶應義塾大学出版会、一六〇－一七四頁

西　兼志（二〇一七）『アイドル／メディア論講義』東京大学出版会

ブーニュー、D／水島久光［監訳］西　兼志［訳］（二〇一〇）『コミュニケーション学講義――メディオロジーから情報社会へ』書籍工房早山（Bougnoux, D. (1998). *Introduction aux sciences de la communication*. Paris: La Découverte.）

ヤコブソン、R／池上嘉彦・山中桂一［訳］（一九八四）『言語とメタ言語』勁草書房

# 第一五章　モバイル＝デジタル時代のパンデミックな「承認」

## 越境するパフォーマティブなデジタル写真

遠藤英樹

## 第一節　はじめに

私たちは、つねに他者と関わりながら社会を生きている。ときには他者と愛を育み、ときには他者への憎悪をつのらせ、ときには他者からいわれなき差別を受け、ときには他者からの称賛を得る。他者を「承認」するか否か、他者から「承認」されるか否かは、私たちが社会のなかで生きるうえで非常にコアな部分を形成しているのだといえよう。だが、こうした「承認」のあり方が、現代においては揺らぎ始めているのではないだろうか。社会が変容するとともに、これまで省みられることのなかった振る舞いが「承認」として新たに認識されるようになっているのである。本章では、このような「承認」の変化を捉えることからみえてくる、現代社会の相貌を浮き彫りにしたいと考えている。

以下では、まず「承認」から社会を読み解く視点としてアクセル・ホネットの議論を紹介したうえで、彼の議論では「承認」のあり方が変化しないものとして固定化＝実定化されてしまっていることを指摘する。次に、アンソニー・エリオットとジョン・アーリ、さらにはアルジャン・アパデュライの議論を踏まえながら、現代社会がモビリティーズによって特徴づけられるようになっていることを確認するとともに、モビリティーズがデジタル・テクノロジーと深く関係し合っていることを主張する。

そのうえで「モバイル＝デジタルな社会」ともいうべき現代社会において、Instagramへの写真投稿によって「承認」が世界中にパンデミックに拡散するようになっていることを指摘する。最後に、そうした「承認」で目指されているものが「非日常性のパフォーマティブな装飾（performative decoration of extra-ordinary life）」の成否であることを述べ、それこそ、じつは現代では「リアルな日常性」のもとでなされる社会的「承認」にほかならないことを主張する。

## 第二節　「承認」から社会を読み解く視点

フランクフルト学派第三世代を代表する社会哲学者の一人であるアクセル・ホネットは、「承認」を軸として社会を読み解こうとしている。彼によると、「承認」は「愛の承認」、「法の承認」、「連帯の承認」の三つに区分されると指摘される（ホネット二〇一四、藤野二〇一六）。

第一に「愛の承認」とは、親子や兄弟など家族、恋人や夫婦、友だち同士によってなされる承認の形式である。私たちは誰もが「かけがえのない存在」として、家族、恋人、夫婦、友だちをはじめとする「親密な他者」から承認されることを必要としている。そうして初めて、私たちはこの社会を生きることが可能になる。

第二に「法の承認」とは、法や権利のもとで、自由と平等を享受できる存在として個人を扱うことを前提とする承認の形式である。どのような国に生まれようと、どのような宗教を信じていようと、どのような性であろうと、経済的にどのような状況で生まれてこようと、私たちは不当な差別を受けず、法や権利によって承認されることが大切である。「愛の承認」のもとでは、個々人が「特別な存在」＝「かけがえのない存在」として扱われるのに対して、「法の承認」のもとでは、誰もが「同じ存在」＝「平等な存在」として扱われることになる。

第三に「連帯の承認」とはどのようなものか。これは、人びとが共通する価値観や目標をもつ共同体のもとで、その共同体からどの程度評価されるのかという承認の形式である。会社のなかで一生懸命に働き、業績もあげているという自負がある場合、人は自分のことを正当に評価してもらいたいと望み、経済的な報酬や仲間からの称賛を得たいと思うだろう。「連帯の承認」とは、こうしたものを意味する。

以上の「愛の承認」、「法の承認」、「連帯の承認」といった「承認」を得ようと、私たちは現代社会において人と関わり、あがき、闘争し続けているのだと、ホネットは主張する。たとえば現代社会において切実な問題となっている「難民の排除／受容」も、こうした「承認をめぐる闘争」から考えることができるだろう。

図 15-1　アクセル・ホネット[1]

二〇一五年以降、多くの難民がヨーロッパ諸国に押し寄せた「欧州難民危機」では、シリア、イラクをはじめとする中東諸国、リビア、スーダン、ソマリアをはじめとするアフリカ諸国、アフガニスタン、パキスタンなどをはじめとする南アジア諸国、コソボ、アルバニアをはじめとするバルカン半島西部の国々で起きた内戦、戦争、宗派対立、テロ、紛争のために、一二〇〇万人を超える人びとが難民となった（墓田二〇一六）。このような事態を前にして、難民を受容していくべきだとする人びとと、難民を排除すべきだとする人びとの間で、対立が激化するようになっている。

難民を受容すべきだとする人びとは、難民も含め、「法の承認」が得られるようにすべての人間が等しく扱われるべきだと考える。それに対して難民を排除すべきだとする人びとは、自国に多数の難民が押し寄せてくることで、共同体が揺らぎ、「連帯の承認」が困難となってしまうことを危惧する。こうして、いまや難民問題

［1］https://www.u-presscenter.jp/2010/02/post-27943.html（最終確認日：二〇一八年四月五日）

においても「承認をめぐる闘争」が生じているのである。

現代において後を絶たない「子ども虐待」も同様に、「承認をめぐる闘争」として考えることができる。親から虐待をうける子どもたちは、誰よりも親密であるはずの相手から「愛の承認」を得られなくなっている。しかしそれだけではなく、そこには貧困問題などが絡み合っている場合もあり、その意味では「法の承認」が「子ども虐待」を生み出す原因ともなっている。また虐待の問題を抱える家族は地域社会の共同体から排除されていることも少なくないため、その点では「連帯の承認」も大きく関連している。それゆえ私たちが「子ども虐待」に向き合うということは、「愛の承認」、「法の承認」、「連帯の承認」をめぐってさまざまな戦いをおこなっていくことを意味しているのだ。

このように「難民の排除／受容」、「子ども虐待」など、現象としてみればまったく異なる問題も「承認をめぐる闘争」が基底にあるのだと考えることができる。ジェンダーやセクシュアリティをめぐる差別、学校におけるいじめなども同様である。もしそうだとすれば、ホネットが主張するように、「承認をめぐる闘争」は社会を読み解くうえで鍵となるものであるといえよう。

だがホネットの議論にあっては、社会の変容とともに、「承認」のあり方そのものが変わってしまうということについては考えられていないように思われる。「承認をめぐる闘争」が社会を読み解く鍵となるのは、社会の変容のなかで、これまで省みられることのなかった振る舞いが「承認」として新たに認識されるようになるからである。そうした変化を捉えることこそがじつは重要であるにもかかわらず、ホネットは「承認」のあり方を固定化＝実定化し、いつの時代にあっても三つに区分されるような、変化しないものとして捉えてしまっているのではないか。

では現代にあって、社会はどのような方向へ変容しつつあるといえるのだろうか。以下では、このことについて確認していくことにしたい。

## 第三節　モバイル＝デジタルな社会へ

現代において、社会はどのような方向へ変容しつつあるのか。アンソニー・エリオットとジョン・アーリによれば、社会は「モバイル」な特徴を有するに至っており、それにともなって私たちも「モバイルな生」を生きつつあるとされる。彼らは以下のように述べる。

人びとは今日ほぼ間違いなく、以前にはあり得なかったほど「移動」し続けている。社会の大きな変化――グローバリゼーション、モバイル・テクノロジー、徹底的な消費主義、気候変動など――は、人、モノ、資本、観念が世界中をますます移動するようになってきたことと関連している。今日、人びとは一年間でのべ二三〇億キロ旅しているとされ、もし資源の使用に抑制がかからなければ、二〇五〇年までには、人びとが旅するのは一〇六〇億キロにまで達すると予測されている。旅行や観光は世界の一大産業となっており、年間七兆ドルもの利益をもたらしている。飛行機について言えば、国際便の数はほぼ一〇億である。いまや人びとは、より遠くへ、より早く、（そして少なくとも）より頻繁に旅するようになっているのだ。自分で望んで旅をしている人も多くいるが、そうせざるを得ないという人もいる。亡命者、難民、強制移民もまた激増している。これに加え、コミュニケーション手段やバーチャルの領域でもモビリティが急速に拡大しており、自宅電話よりも携帯電話が多くなり、一〇億人以上のインターネット・ユーザーがいる。モビリティの黄金時代がまさに到来していることは明らかで、それがとてつもない可能性とおそろしいほどのリスクをもたらしている。（エリオット＆アーリ二〇一六：i）

人、モノ、資本、情報、観念、技術などが移動する状況においてこそ、現実＝リアルなものは再編され、実現されるようになっている。モビリティーズは、人、モノ、資本、情報、観念、技術などのフローを絶えず生み出し、それらを奔流のように合流させつつ、モビリティーズの風景とも呼ぶべきものを現出させている。

こうした状況に注目し、アルジャン・アパデュライもその著書である『さまよえる近代――グローバル化の文化研究』（二〇〇四）で、ローカル／ナショナル／グローバルな現実がさまざまな移動のなかで、これまでとは異なるかたちで新たに形成されていくプロセスを捉えようとしている（アパデュライ二〇〇四）。アパデュライは、それらプロセスの「現れ方（appearances）」として、「エスノスケープ」、「テクノスケープ」、「ファイナンススケープ」、「メディアスケープ」、「イデオスケープ」という五つの次元をあげる。

彼のいう「エスノスケープ」とは、外国人労働者、移民、難民など、人の移動からみえてくるグローバル社会の現れ方である。次に「テクノスケープ」とは、機械技術的なものであれ、情報技術的なものであれ、テクノロジーが多様な境界を越えて移動している事態を指している。また「ファイナンススケープ」とは、グローバル資本が国境を越えて移動し続けている事態を指す。さらに「メディアスケープ」とは、新聞、テレビ、ウェブなどのメディアを通じてポピュラーカルチャーをはじめ、さまざまなイメージや表象の移動によってみえてくるグローバル社会の現れ方を意味している。最後に「イデオスケープ」は、イメージのなかでも特にイデオロギー的な価値観や世界観が国境を越えモバイルなものとなることで揺らいでいく事態を指している。アパデュライによれば、これら五つの次元は、それぞれが独立した動きをみせ、乖離的でありながら、重層的に結びついていくのだとされる。

人、モノ、資本、情報、観念、技術などは世界中を縦横に駆けめぐり移動しながら相互に、そして重層的に絡み合い、ときに乖離的に反発し、ときに相互に結びつきながら、複雑なかたちで既存の現実をつねに揺るがせ変化させ、〈新たな現実〉を絶えず生成させ続けているのである。

以上のような社会のモビリティーズを現出させていくうえで、「デジタル革命」を経たメディアが果たしている役割は大きいといえるだろう。「デジタル革命」とは、メディアの仕組みがデジタル・テクノロジーを用いた仕組みに移行することを意味するにとどまらず、メディアがデジタル・テクノロジーを用いることによって、そのテクノロジーを支えていた社会システムをも大きく変えてしまうことをも意味している（石田二〇一六）。

たとえば音楽を例にあげるならば、現代の音楽聴取の仕方はスマートフォンから音楽配信アプリにアクセスし、ストリーミング配信されたデジタル音源を聴取するという方法が一般的になっている。こうしたテクノロジーが音楽市場を変え、人びとのライフスタイルにもインパクトを与え、ウォーキングやランニングをしたり、飛行機、電車、自動車に乗って移動しながら、〈モバイルに聴取するもの〉へと音楽のあり方そのものを変えてしまっているのである。またモバイル決済などに代表されるようなフィンテックも、同様であろう。これも金融市場を変えると同時に、そ

図 15-2　アンソニー・エリオット [2]

図 15-3　ジョン・アーリ [3]

図 15-4　アルジャン・アパデュライ [4]

［2］http://icussri.org/ja/symposia/risksociety/（最終確認日：二〇一八年四月五日〈二〇一八年九月一四日現在、アクセス不可〉）
［3］http://www.h-ito.sakura.ne.jp/links.html（最終確認日：二〇一八年四月五日）
［4］https://en.wikipedia.org/wiki/Arjun_Appadurai（最終確認日：二〇一八年四月五日）

れによって人びとのライフスタイルをよりモバイルなものへと誘導している。「デジタル革命」を経たメディアは、情報や観念にとどまらず、人、モノ、資本も含み込んだモビリティーズの主要なドライブ（駆動装置）の一つとなっているのだ。このように考えるなら、私たちが生きる現代社会は、まさにモバイルでデジタルな社会であると特徴づけることができるだろう。

## 第四節　越境するパフォーマティブなデジタル写真

モバイル＝デジタルな社会においては、人、モノ、資本、情報、観念、技術などのフローを通じ、多様な社会現象・出来事・事物・細菌などがパンデミックに世界中を駆けめぐり拡散していく。パンデミックとは、インフルエンザ・ウィルスが地理的に広い範囲で多くの感染者や患者を発生させるという「世界的な感染の流行」を意味する言葉だが、現代においては、「承認」もまたパンデミックに世界中を駆けめぐり拡散していくようになっているのではないか。このような「承認」の新たなあり方を捉えていくことが、現代社会を考察するうえでは不可欠であると思われる。

ではモバイル＝デジタルな社会における「承認」の新たなあり方とは、どのようなものか。その具体例としては、Instagramをはじめとするアプリケーションへの写真投稿などがあげられよう。

Instagramは写真・動画共有SNS投稿アプリの名称であるが、人びとは、こうしたアプリに写真を投稿し、さまざまな国の友人たちから「いいね」を獲得しようとする。写真や動画は投稿されることで世界中に拡散され、「いいね」という友人からの評価は、これまでの「承認」のあり方と異なり世界中から得られることになる。その意味で、ここで得られる「いいね」はパンデミックなものなのである。ただし、その際に注意すべきなのは、それが単に「承認」の空間的拡大を意味しているわけではないということだ。そうではなく、それは「承認」の内実を大きく変えてしまっているのである。

ではInstagramへの写真投稿などで「承認」されているものは何なのか。いったい、人びとは、そこにおいて何を「承認」してもらおうとしているのか。それは、「非日常性のパフォーマティブな装飾（performative decoration of extra-ordinary life）」の成否ではないか。自分たちがパフォーマティブな装飾をほどこし、非日常性を演出することができていることを「承認」してもらうために、人びとは写真を投稿するのである。

だからこそ人びとは、投稿したときに少しでも非日常性を感じられるような場所へと移動し写真を撮影する。たとえばロンドンのキングス・クロス駅の事例をみてみよう。この駅は、映画『ハリー・ポッター』シリーズで主人公ハリー・ポッターがホグワーツ魔法魔術学校に向かう列車に乗車する駅として用いられた場所である。映画のなかでハリー・ポッターは、実在しないプラットフォームである9と3／4プラットフォームから列車に乗るのだが、『ハリー・ポッター』ファンのツーリストたちがこの駅を見るために世界中から訪れるようになった。そこで、この駅には実在しなかったはずの9と3／4プラットフォームが実際に作られ、隣に『ハリー・ポッター』グッズを売るショップが建てられるに至っている。今この場所へ行くと、多くのツーリストたちがショップのスタッフから『ハリー・ポッター』ゆかりのマフラーを巻いてもらい、ショップのスタッフと一緒にポーズを決め、パフォーマンスをおこないながら写真を撮っているが、そこで撮られた写真はさまざまなアプリを用いてデジタル加工をほどこすことを前提で、Instagramなどに投稿される（図15-5）。

図15-5　キングス・クロス駅における
ツーリストたちのパフォーマンス（筆者撮影）

このように考えるならば、「非日常性のパフォーマティブな装飾」こそが、Instagramへの写真投稿における「承認」の内実となっているのだといえよう。Instagramへの写真投稿においては、「非日常性のパフォーマティブな装飾」がデジタル・テクノロジーを前提として行われ、[5]テクノロジーとパフォーマンスの結節点において情報の移動（写真投稿）や人の移動（非日常性を感じられる場所への移動）といったモビリティーズが生まれ「承認」と結びつくに至っている。

ただし、その際には、「リアルな日常性」があって、それとは別に「非日常性のパフォーマティブな装飾」がおこなわれているのではない。そうではなく、「非日常性のパフォーマティブな装飾」こそが、もはや私たちにとって「リアルな日常性」となっているのである。こうした「承認」を「空虚な承認」としてではなく、私たちにとってある種「切実な承認」として捉えて、その位相を明らかにすることが求められるようになっているのだ。このことは何度でも強調しておいてよいだろう。

これに対して社会学者の宮台真司は、Instagram への写真投稿において得られる「いいね」は結局のところ、「空虚な承認」にすぎないと否定的に語っている。彼は、「実際より見栄えのいい、多少ウソが入った写真を投稿してでも、ネットで「いいね」を欲しがる「インスタ映え」の現象は、社会からの承認が欲しいのに得られない、という不安の埋め合わせです」と朝日新聞の記事のなかで述べている。[6]しかし、そのように否定的に述べるだけでは、「非日常性のパフォーマティブな装飾」こそが、もはや私たちにとって「リアルな日常性」となっていることを認識できないままとなるのではないか。もちろん、モバイル＝デジタルな社会に特徴的なこうした「承認」のあり方を称揚することも危険である。

したがって重要なことは、「非日常性のパフォーマティブな装飾」とは別にあるような「リアルな日常性」を仮構し、その重要性を語ることではない。そうではなく、そういった「承認」のあり方を生み出すモバイル＝デジタルな社会が有する権力性こそをクリティカルに捉えていくべきなのである。それは人類学者フレデリック・ケックが『流感世界――パンデミックは神話か？』（二〇一七）で指摘したこと、すなわち、世界中にパンデミックに拡散していくインフルエンザ・ウィルスに対して地域の当事者たちが生み出すさまざまな反応のなかに共通の「構造」があるとして、その「構造」を明るみに出すことがモバイルな世界の相貌を浮き彫りにすることにつながるという点と通底した議論になるだろう（ケック二〇一七）。

## 第五節　結びにかえて

以上、「モバイル＝デジタルな社会」ともいうべき現代社会においては、Instagramへの写真投稿によって「承認」が世界中にパンデミックに拡散するようになっていること、そうした「承認」で目指されているのが「非日常性のパフォーマティブな装飾」の成否であること、そして、それこそじつは現代では「リアルな日常性」のもとでなされる社会的「承認」にほかならないことを考察してきた。「非日常性のパフォーマティブな装飾」とは別に、「リアルな日常性」がどこかにあるわけではなく、それ自体がそのままで、私たちにとって「リアルな日常性」なのである。したがって、Instagramへの写真投稿によってなされる「承認」は決して「空虚な承認」なのではない。それは、私たちが社会を生きていくうえで「切実な承認」にほかならないのである。

こうしたことを否定しては、現代社会の相貌を浮き彫りにすることはできないだろう。もちろん、そのことを単純に称揚することは、それ以上に危険である。したがって、私たちが目指すべきことは、「非日常性のパフォーマティブな装飾」の成否をめぐる「承認」のあり方を生み出す、モバイル＝デジタルな社会が有する権力性をクリティカルに捉えていくことなのだといえよう。たとえばInstagramという写真・動画共有ＳＮＳ投稿アプリには、情報産業に属する企業群が関わっている。また近年、Instagramを用いてインバウンド・ツーリズムをより活発なものにしよ

---

［5］デジタル・テクノロジーの加工技術こそが、ツーリストのパフォーマンスを誘い出しているのかもしれないのだ。写真をめぐるパフォーマンスとテクノロジーの相互作用についてはラースンとサンドバイ（Larsen & Sandbye 2014）および前川（二〇一六）も参照してもらいたい。

［6］朝日新聞オピニオン・フォーラム・耕論「「いいね」のために」『朝日新聞』二〇一七年一二月七日付朝刊。

うと国、地方自治体、観光産業界も動き始めている。「非日常性のパフォーマティブな装飾」の背後に、このような膨大な文化産業や国家権力がつねに、すでに関わっている。現代社会の「承認」論は、これらの権力性に関する議論を抜きに展開することはできないのである。

### ◉引用・参考文献


アパデュライ、Ａ／門田健一［訳］（二〇〇四）『さまよえる近代――グローバル化の文化研究』平凡社（Appadurai, A. (1996). *Modernity at large: Cultural dimensions of globalization*. Minneapolis, MN: University of Minnesota Press.）

石田英敬（二〇一六）『大人のためのメディア論講義』筑摩書房

エリオット、Ａ・アーリ、Ｊ／遠藤英樹［監訳］（二〇一六）『モバイル・ライブズ――「移動」が社会を変える』ミネルヴァ書房（Elliott, A., & Urry, J. (2010). *Mobile lives*. London: Routledge.）

遠藤英樹（二〇一七）『ツーリズム・モビリティーズ――観光と移動の社会理論』ミネルヴァ書房

ケック、Ｆ／小林　徹［訳］（二〇一七）『流感世界――パンデミックは神話か？』水声社（Keck, F. (2010). *Un monde grippé*. Paris: Flammarion.）

友枝敏雄・浜日出夫・山田真茂留［編］（二〇一七）『社会学の力――最重要概念・命題集』有斐閣

墓田　桂（二〇一六）『難民問題――イスラム圏の動揺、ＥＵの苦悩、日本の課題』中央公論新社

藤野　寛（二〇一六）『「承認」の哲学――他者に認められるとはどういうことか』青土社

ホネット、Ａ／山本　啓・直江清隆［訳］（二〇一四）『承認をめぐる闘争　増補版――社会的コンフリクトの道徳的文法』法政大学出版局（Honneth, A. (1992). *Kampf um Anerkennung: Zur moralischen Grammatik sozialer Konflikte*. Frankfurt am Main: Suhrkamp.）

前川　修（二〇一六）「デジタル写真の現在」『美学芸術学論集』一二、六–二三

Larsen, J., & Sandbye, M. (2014). *Digital snaps: The new face of photography*. London; New York: I. B. Tauris.

# 第一六章　実践としてのトランスナショナル

## ネットワーク社会における表現と越境的対話

廣田ふみ

### 第一節　はじめに

メディアテクノロジーが個人の主要な表現手段の一つとなり、ネットワークによって瞬時に複数の他者とつながるようになった現在、経済や政治、ナショナルな枠組みを基礎としてきた文化のあり方は大きく変容している。一方で、個人に依拠した表現活動は、いつの時代も、国家の枠組みでは捉えられない人間の営みとして不断に続いてきたことはいうまでもない。本章では、産業構造や国家政策にもとづいて受容される文化のトランスナショナリゼーションの状況を分析するのでなく、ネットワーク社会において、いかにしてトランスナショナルな対話や協働が可能であるか、その方法と実践について考察していく。それは、一九九〇年代以降、「メディア文化」がソフトパワーや国家ブランディングのコンテンツとして流通し、消費されてきた批判的知見を踏まえ、ネットワーク社会の一つの可能性として市民間の対話や個人間の共通理解の状況を捉えるためである。そのために、技術と表現動向の変遷から、ネットワーク社会が可能とするコミュニケーションの特徴を踏まえ、現在の芸術文化交流事業の事例を参照していく。

情報化社会のただなかにある現在、個人の想像力は、すでに国境を越えてさまざまな影響関係を生み出している。

それは、自然発生的に生まれていて体系的にみることは難しいが、流動的に変化する表現動向に目を向け、未来に醸成する文化を捉えようとすることこそ、文化多様性とトランスナショナリゼーションを実践する原動力の一つになると考えられないだろうか。

## 第二節　表現と技術の関係

### 一　表現・技術・社会の相互関係

情報化社会における文化の伝達・受容のメカニズムを考えるとき、そこに介在するメディアテクノロジーは人とモノの流動やコミュニケーションのあり方に大きく関与している。たとえば、デジタル技術は、アニメーションやゲーム、ファッションといったポピュラーカルチャー全般において、その表現手法や配給・流通方法に大きな変化をもたらしている。また、インターネットの普及以降は、ＳＮＳや動画共有サービスを通じて、従来は受け手であった人びとが発信者となる状況も生まれている。表現と技術、そして社会との相互関係には、いつの時代も新しい表現活動があり、文化流動の回路が開かれているのである。本章では、デジタル化以前より続く「アート&テクノロジー」の変遷から、時代の技術と表現動向の関係を概観し、トランスナショナルなコミュニケーションを実現する二〇一〇年代以降にあるネットワーク社会の特徴を考察する。

### 二　「アート&テクノロジー」の運動

「アート&テクノロジー」とは、一九五〇年代にヨーロッパを中心に始まった美術動向の一つである。言葉の通り、美術表現に工学的な技術を取り入れたこれらの活動は、現在の「メディアアート」の潮流にあるもので、一九五〇-七〇年代には、「テクノロジーアート」とされ、一九八〇年代以降に「メディアアート」としてそのジャンルを確立することになる。[1]

一九五〇-七〇年代における「アート&テクノロジー」の動向の背景には、工業化の進展がある。それは、表現活動の資本として電子機器や工業製品を製造する企業があったこともそうだが、工業化しゆく社会に対する、批評・批判としての表現であったこともあげられる。こうした美術表現は多岐にわたるが（環境芸術やポップアートといった動きにもいうことができる）、「アート&テクノロジー」の動向で特徴的なことは、さまざまなテクノロジーを取り入れ、アーティストとエンジニア、研究者などがコラボレーションによって表現を追求したことにある。というのも、ここでは、複数の表現手法・技術を同列に配置して総合的な表現を目指すのではなく、さまざまな芸術領域を横断し、そのどれにも属さない新たな表現を目指す「インターメディア」という考え方があったのである。日本でも、美術家、作曲家、批評家、振付師、詩人など総勢一四名からなるグループ「実験工房」が、テクノロジーを積極的に取り入れることで、文学、音楽、美術といった領域を越境する実験的な芸術表現を実現した。欧米を中心にさまざまなグループが活動するなか、「アート&テクノロジー」の動向は、日本においては一九七〇年に開催された日本万国博覧会（大阪万博）で一つの到達点を迎える。

一九八〇年代に入ると、コンパクトビデオカメラ、パーソナルコンピュータが市場に徐々に出回り、テクノロジーを手法として取り入れる個人の作家が増えていく。さらに、コンピュータの性能が高まり、コンピュータグラフィックス（CG）や、文字、映像、音声などを同列に扱うマルチメディアによって、その表現手法は多様化していく。「ビデオアート」、「デジタルアート」にあるように、表現の手法自体が強調され、美術作品の一形態として捉えられた

[1]「アート&テクノロジー」の変遷の詳細については、第一回メディアアート国際シンポジウム「〝アート&テクノロジー〟――時代の変遷、同時代の動向、これからのプラットフォーム」に掲載されている。〈http://jfac.jp/assets/uploads/sites/3/2017/03/report_artandtechnology_jp.pdf（最終確認日：二〇一八年六月二〇日）〉

のもこの頃であろう。ただし、こうした活動を「アート&テクノロジー」の動向として語るとき、それはテクノロジーをうまく使いこなし、作品へと昇華することだけを指すのではない。そこには、工業化・自動化する社会への批判的なまなざし、既存の美術制度を回避するようなオルタナティブな表現、資本主義経済から脱却するような自由を目指す態度が含まれていたのである。企業とアーティストとのコラボレーションによってさまざまな試みが行われた大阪万博で、「アート&テクノロジー」を標榜していたアーティストたちはどのような姿勢を保持していたのか——二〇二〇年の東京オリンピック・パラリンピック開催を前にした現在だからこそ、それらを再考する機会も増えている。

## 三　パブリックな価値の追求へ

一九九〇年代以降には、情報化社会が急速に進展し、日本国内でも携帯電話やインターネットが普及するなど個人をとりまくコミュニケーションのあり方が大きく変容していく。ツールの多様化のみならず、二〇〇〇年代になると、世界規模で広がる情報プラットフォームであるSNSが登場し、マスメディアによらない個人間の情報の受容・伝達の方法が拡散する。デジタルクリエイティブの領域では、オープンソースソフトウェアを活用する機会が増え、二〇一〇年代には3Dプリンタやレーザーカッターといったデジタル工作機械による製造技術が到来する。あらゆるモノとコトがつながるネットワーク社会の象徴で、「第三のデジタル革命」とも称される技術がこれまでと異なるのは、知識・手法として、人びとの価値感に影響を与えている点であろう。ただし、これは急激な技術の進化ではなく、「アート&テクノロジー」の変遷にみられた工業化社会への対抗や、オルタナティブな表現の追求が、いくつかの周期を経て、技術自体の民主化・社会化へと成熟した状況と捉えられる。この状況は「メディアアート」という表現形態でいえば、かつてみられたテクノロジーそれ自体への批評性の消失を生み出す要因になるとも考えられるが、そうした表現と技術、そして社会との相互関係にも、次なる新しい表現動向の展開を認めることができるはずである。N

ＴＴインターコミュニケーション・センター（ＩＣＣ）主任学芸員の畠中実氏は次のように述べている。

アートにおけるテクノロジーの受容のあり方には三つあると考えています。まず、新しいテクノロジーに触発されるアート。これは、新しいメディアが直接的に作品に使われるということです。そして、テクノロジーが生み出した社会に触発されるアート。これは表現メディアはとくに問われないかもしれません。テクノロジー化する環境に反応する芸術表現ということになるかと思います。そして最後は、テクノロジーによる生産技術、素材に触発されるアート。デジタルファブリケーションなどは、こうした潮流につながってくると思います。（石戸谷ほか 二〇一七：六）

フリーソフトウェアとデジタル製造技術によるものづくりは、ＤＩＹ（Do It Yourself）の精神を有し、それはアメリカで誕生したフリーカルチャー、シェアカルチャーの系譜にあるＤＩＷＯ（Do It With Others）へと受け継がれ、デジタルクリエイティブを実践する人びとの基本的な姿勢として受け入れられつつある。つまり、インターネットを通じて情報やツールを共有しながらものづくりをおこない、豊かさのシェア、そしてパブリックな価値を追求することが技術の前提になっているのである。オンラインで情報やツール、知識・手法を共有し、技術やプラットフォームを皆で更新することで、次なる創造活動を活性化し、実験的でよいものを継続的に発展させる土壌が生まれ、循環していく。こうした価値観と創作方法の変容、そしてインターネットが可能とするボトムアップなシーン形成は、すでに国・地域を越えた共同体の形成を実現している。既存の産業構造やネットワークを凌駕するこうした技術・価値観のもと、いままさにさまざまな文化領域において、経済や政治、ナショナルの枠組みを越えた新しいムーブメントが生まれようとしているのである。

## 第三節　インターネット以降にある文化交流

### 一　双方向の対話可能性に向けて

では、創作とコミュニケーションの新しいあり方が広がる現在、実際にどのような越境的な対話や協働が可能なのだろうか。ここでは、その事例として、国際交流基金アジアセンターで二〇一六年より始動されている日本と東南アジアの文化交流プロジェクト「refnow――toward a new media culture in asia」[2]での取り組みを参照する。

国際交流基金アジアセンターとは、二〇一三年一二月に東京で開催された日・ASEAN特別首脳会議にて表明されたアジア文化交流政策にもとづき、二〇一四年四月に国際交流基金に発足した部署である。「文化のWA（和・環・輪）プロジェクト――知り合うアジア」として、二〇二〇年の東京オリンピック・パラリンピックに向けて、日本と、ASEANを中心としたアジアとの文化交流を促進、強化することを目的に、芸術・文化の双方向交流と日本語学習支援の事業をおこなっている。まさに国家政策にもとづくこのプロジェクトが、かつての「ブランド・ナショナリズム」と異にするのは、芸術文化交流において「双方向交流」を重要視している点だろう。ここでは、文化庁や経済産業省で長らく取り組まれている日本文化の紹介、国内の文化産業の奨励・輸出とは異なり、日本とほかの国・地域との双方向性、協働性を重視してネットワークを広げ、アジアの新しい文化を創造することをコンセプトとしているのである。これらの芸術文化交流の成果が、文化外交の議論としてどのように表出していくのかは、今後の展開を待つほかないが、アジアにおける対話的な関係性を構築する機会を合目的化することで、多種多様なプログラムを通じて市民間・個人間の交流の機会が拡大しているのは確かだといえる。そして、「双方向」という言葉が、そもそもネットワーク社会における情報伝達の方式（情報伝達が一方向ではなく、受け手も送り手になることができるような方式）を示すように、このコンセプトは「双方向交流」が日常化した現在に、「メディア文化」を通じた芸術文化交流を改めて実践する可能性を押し広げている。

こうした領域を対象とする芸術文化交流事業は、いくつかの公的な国際文化交流機関ですでに実施されており、ブリティッシュ・カウンシルでは創造産業（Creative Economy）[3]として、建築・デザイン・ファッション、映画、文学、音楽、パフォーミングアーツ、視覚芸術などと並列するかたちでプログラム化されている。いかにしてテクノロジーを人びとの創造性に結びつけ、クリエイティブの可能性を生かす豊かな未来を形成することができるのか。その目的のもとに、アート、メディア、デザイン、テクノロジーに関わる人びととの交流事業として、アイデア、経験、スキルを共有するためのネットワークが全世界を対象に構築されているのである。国際交流基金アジアセンターの事業の一環として取り組まれる「refnow」プロジェクトは、規模、対象こそ限定的ではあるが、こうした取り組みと同様にネットワーク社会を見据えた次世代間の交流を中心とし、アート、対話、教育、協働を通じたさまざまなプログラムからメディア文化の同時代の創造性をアジアから体系的に捉えようとするものである。

前節で述べた「アート&テクノロジー」の変遷にみられるように、そこにある科学技術や表現動向は、つねに欧米からスタートし、長い間アジアでは、そうした技術と資本を受け入れ、製造し、また、美術においてはその評価と市場を表現や作品の指標としてきた。さらに、テレビドラマやアニメーション、映画、漫画を筆頭に日本の「メディア文化」は、産業や政策を通じてアジアに浸透し、消費・受容されてきた。しかしながら、ネットワーク社会における価値観の変容と創作活動の方法は、すでにそれとは異なる文化流動の可能性を拓いている。カウンターカルチャーを担ってきた「アート&テクノロジー」の表現動向を踏まえれば、アジアから「コンテンツ」としてではなく、メディアテクノロジーによる創造性を通じた対話可能性を改めて模索してみることが、次なる表現動向を生み出す方法の一つだと考えられないだろうか。岩渕功一はその著書である『トランスナショナル・ジャパン——ポピュラー文化がア

［2］http://refnow.jfac.jp/（最終確認日：二〇一八年四月八日）
［3］https://creativeeconomy.britishcouncil.org/（最終確認日：二〇一八年四月八日）

ジアをひらく』（二〇一六）のなかで次のように述べている。

アジア地域を「横断し」、「貫く」メディア・資本・人の移動とそれがもたらすつながりをグローバル化の文脈に位置づけながら多層的に検証して、排他的で固定化されたナショナルな枠組みを「超越」し「いまここにない別の状態へ」変えていくことを目指す。メディア文化の越境流動がますます錯綜するなか、ローカル・ナショナル・グローバル、そして過去・現在・未来の時空間軸を横断して見渡しながら、国境を越えて共有される問題への取り組みや対話を発展させるために、メディア文化をとおしたつながりがどう資するのかを批判的かつ創造的に考案することがますます求められている。（岩渕 二〇一六：三二九）

この「いまここにない別の状態へ」というのはまさに「アート&テクノロジー」の変遷において一九五〇‐七〇年代に取り組まれた「インターメディア」の考え方に類似する。トランスナショナルコミュニケーションを実現し、発展させていくためには、そこにあった批判的精神を再び取り戻し、さまざまな専門領域と人びと、国・地域を架橋しながら、対話のための新たな（別の）プラットフォームを形成しなければならない。そのために、「refnow」プロジェクトは、これまで「メディア文化」として位置づけられてこなかった新進の表現、オルタナティブな動向にも目を向け、ネットワーク社会の創造性を通じて、これからの高度情報化社会を担う次世代を中心としたさまざまなプログラムを試行しているのである。

## 二　越境的対話のファシリテーション

「refnow」プロジェクトは、日本と東南アジアにおいて、国際シンポジウムやワークショップ、展覧会や音楽イベントなどの複数のプログラムと、それを実施するための現地調査で構成されている。ここからは、そこで実施されている具体的なプログラムを参照しながら、メディアテクノロジーの創造性を通じた市民間の対話や個人間の共通理解の様相を考察していく。

アジアでは、近年、デジタルテクノロジーを前提に多様な技法を用いた美術表現や、デジタルクリエイティブに関する教育課程と文化施設の整備が急速に進んでいる。こうした状況を背景に、このプロジェクトではこれまでに二回、次世代の専門家の交流を促進するための人材育成プログラムを実施している。いずれも、デジタルテクノロジーの創造性をテーマにした公募型の集中ワークショップで、第一回目は、二〇一六年八月に、岐阜県にある情報科学芸術大学院大学（IAMAS）にて'Hack the World with Creativity Utilizing Democratized Technologies'と題して実施された。七日間のカリキュラムのなかで、デジタルファブリケーションや Internet of Things（IoT）などの基礎技術を学び、実地研修やグループワークを通して社会やコミュニティ、地域をデザインするための手法を立案・実施する。一〇か国から集まった一三名の参加者は、ワークショップや、アイデアをスケッチして視覚的に共有するブレインストーミング「アイデアスケッチ」、限界集落でのフィールドワークなどを経て、地域で実施されうる具体的な企画をグループで立案し、そのプロトタイプを製作した。

図 16-1　Hack the World with Creativity Utilizing Democratized Technologies の様子
（2016 年，撮影：高尾俊介）

この集中ワークショップの成果として興味深いのは、参加者同士の対話がカリキュラム以降も継続的に展開されるという点である。参加者はここで学んだワークショップや手法を、帰国後にそれぞれのコミュニティでも実践し、さらに参加者同士がＳＮＳで日常的に連絡をとり合い、協働の取り組みが発展していく。プログラム終了後の約一年間でシンガポールやタイ、日本において参加者同士によるワークショップなどが実施されている。また、七日間にわたる少人数先鋭の濃密な交流機会は、特に日本の学生たちのコミュニケーションの方法を大きく変えていった。ホスト的な立ち位置にあることで社会的知性が発揮され、アクティブなコミュニケーションを主体的に図っていくのである。教える側・学ぶ側という境界が明確になりがちな「学校」という組織のなかで、学生らはその構図を柔軟に往来し、対話の中心としてのファシリテーションを担っていく。そこで生まれる相互の信頼関係こそが、プログラム後も継続的に協働が行われている理由の一つだと考えられる。

専門的な組織を主軸にせず、それぞれの参加者同士、そして彼らが所属するコミュニティ間の複層的な交流の可能性が浮き彫りになったことで、第二回目となる集中ワークショップではその体制を新たにする。プログラムを作るディレクター、ファシリテーター、そして参加者の双方向のコミュニケーションを目指し、日本のみならず東南アジアのメンバーを含めてプログラムディレクターを編成したのである。また、高度な専門研究の急速な進展がある一方で、世界各地でＤＩＹによる動きが活発化しているバイオテクノロジーを主要テーマに据えることで、専門的な組織とオルタナティブな活動、アーティストと研究者らの協働を目指すことにした。東京を拠点にバイオテクノロジーの可能性について実践・議論するプラットフォームとして活動をおこなっている'BioClub'からゲオルグ・トレメル（Georg Tremmel）氏と石塚千晃氏、そしてインドネシアのジョグジャカルタでアート、科学、テクノロジーの領域で横断的な活動を行う組織'Lifepatch: Citizen initiative in art, science and technology'からアンドレアス・シアギャン（Andreas Siagian）氏がディレクターを担い、八日間のカリキュラムを編成した。そこではテーマとして「庭」、タイトルに'BioCamp: Gardens as 'Biotechnik''が提案された。「庭」は、英語圏では'garden'、またインドネシアの'halaman'にあたるが、それぞれの社会・文化的背景のもとで異なる特性や機能を有している。ここでは、それぞれの自然と風土、美意識を内包し、人間がほかの生命と出会い関係していくためのインタラクティブな環境として「庭」を捉え、バイオテクノロジーによる新たな「庭」を作り出すことを目的としたのである。一七か国から二〇名の参加者を迎えたプログラムでは、前回と同様にワークショップやフィールドワークを経て、グループワークで「庭」を構想し、プロトタイプを製作した。

ディレクターのほか、カリキュラムを構成するゲスト講師とファシリテーターも国内外から集まり、総勢約三〇

**図 16-2　BioCamp: Gardens as 'Biotechnik' の様子**（2018 年、写真提供：Loftwork）

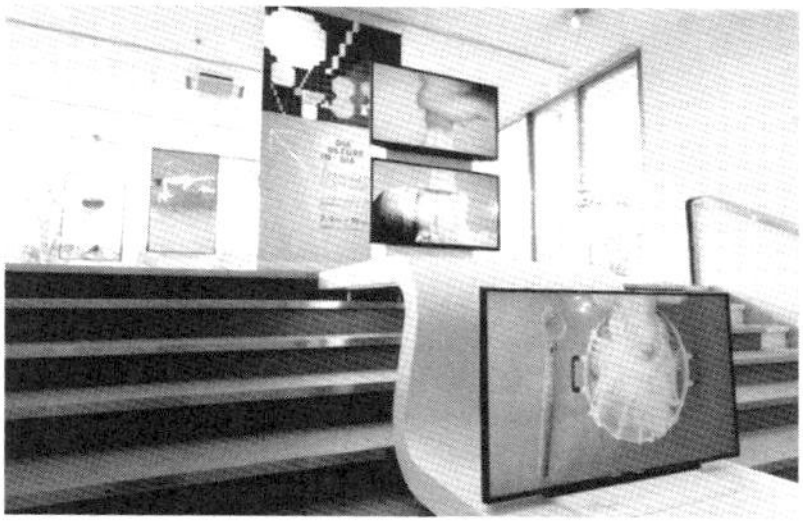

**図 16-3　MeCA｜Media Culture in Asia: A Transnational Platform の展示風景**（2018 年、撮影：冨田了平）

名で実施されたこのプログラムでは、バイオテクノロジーの進化に含まれる生命倫理といったテーマから、ジェンダー、セクシュアリティ、宗教を含んだ広範なディスカッションが生まれた。国・地域、専門分野、職業も異なる人びとが集う混沌からは、「アジア／西洋」という二項対立から離れ、それぞれのオリジナリティを互いに理解し合うような、まさに「いまここにない別の状態へ」向かう対話が次々と生み出されたのである。今後もFacebookで立ち上がったグループページを通じて、世界各地の専門機関とオルタナティブな実践が、互いの知識・手法を共有しながら、新たなプロジェクトを展開していくことが期待できるだろう。

「refnow」プロジェクトでは、こうした人材育成プログラムのほか、東南アジアで開催されるフェスティバルと連携した展覧会やワークショップ、そしてメディアアートに焦点をあてた国際シンポジウムなどを並行して開催している。日本と東南アジアでのプログラム展開と、メディアアートから音楽までのさまざまな文化領域、そして美術館とフェスティバル、学術研究などの分野・場をつなぎ合わせつつ、グローバル化・情報化社会の「現在（now）」を「参照（reference）」しようと試みる。二〇一八年二月には、「MeCA｜Media Culture in Asia: A Transnational Platform」として、二二か国六五名のアーティストや研究者、エンジニア、ミュージシャンが東京に集い、ネットワーク社会を体現するような越境的対話を行うプラットフォームがようやく立ち上がった。しかしながら、まだそれは始まったばかりである。

## 三　新たな文化の形成――交差点と境界

もう一つ、「ref:now」プロジェクトのなかでも、意欲的で自発的な展開をみせる事例として、インターネットレーベルを中心とした音楽シーンを対象としたプログラムを参照したい。インターネットレーベルとは、その名の通りインターネット上で運営される音楽レーベルのことだが、楽曲の制作環境の変化やYouTube、SoundCloudといったストリーミング環境によって二〇〇〇年以降に急速に広がりをみせているムーブメントである。さまざまな表現領域のなかでも、インターネットとデジタル技術の進化によって最も急激な変化を迎えているのが音楽シーンであり、それは私たちが楽曲を聞くリスニング環境（端末やサービス）はもちろん、音楽に関する流通・産業構造にまで及んでいる。世界共通の音楽プラットフォームとなるストリーミング環境を通じて、それぞれの地域で活動していたレーベルがひらかれたものとなり、データの交換によって実際に出会うことはない離れた地に暮らすミュージシャン同士が、楽曲を協働制作、リミックスすることも頻繁におこなわれている。未来に向けたメディア文化の形成を考えるうえで先行的な事例ともなる音楽シーンを対象に、その国際的な状況を実際に把握すること、そして次世代を担う人びと同士のネットワーク構築をおこなうことが、このプログラムの中心的な目的である。そこで、コミュニティや地域の固有性を踏まえた交流を実現するため、「レーベル」という単位で、それぞれの影響関係を踏まえてスキームを組むこととした。その日本側のディレクションを担うのが、日本を代表するインターネットレーベルMaltine Recordsのtomad氏である。

tomad氏は、二〇〇五年に一六歳でMaltine Recordsを創設し、ダンスミュージックとポップミュージックの境界をいくような楽曲をこれまでに一六〇以上リリースしている。インターネット上で活動する感度をもち、楽曲のみならず、ビジュアルや映像などの細部に至るこだわりは、新時代のポップミュージック、ひいてはJ-POPを感じさせるようなイメージとして、SoundCloudで三万人以上のフォロワーを有し、海外からも注目されている。というのも、J-POPの影響を受けた海外――アメリカ、イギリス、インドネシア、中国、台湾、韓国――のアーティストからのオファーを受け、Maltine Records が逆輸入となるようなかたちで彼らの楽曲をリリースしているのである。そこには、ネットワーク社会における日本のポピュラーカルチャーの伝達・受容の様相をみることができるだろう。そんな tomad 氏が、自身の活動と Maltine Records をほかの国・地域の状況から相対的にみつめ、「アジア」を一つの面として音楽シーンを捉えようとするのが、このプログラムの根幹のコンセプトとなっている。

二〇一七年一一月にフィリピン・マニラでおこなわれたイベントでは、tomad 氏の執拗なまでのインターネット調査と現地調査を経て、マニラで活動するインターネットレーベルの一つ BuwanBuwan Collective をカウンターパートに迎えた。このレーベルの創設者の一人である similarobjects 氏は、音楽家であり、電子音楽のシーンをマニラで作っていくために大学で教鞭をとる傍ら、自身で次世代育成のためのスクールも立ち上げている。驚くことに彼はまだ二〇代である。英語を公用語の一つとして話す彼らにとって、グローバル化された音楽産業においては、欧米からのポピュラーミュージック（過去にはＪ-ＰＯＰ、Ｋ-ＰＯＰ、台湾ＰＯＰなどもあったそうだ）の受容者としてのあり方が根強い。現地にて実験音楽のムーブメントはあるものの、BuwanBuwan Collective が特徴的なのは実験音楽からポップミュージックまでの幅広い楽曲を対象としていることにある。そこには、欧米や東アジアの市場を通じた音楽の流入を敬遠するのではなく、その影響関係を皆で共有しつつ、自身の音楽とアイデンティティを模索するオリジナリティがみえてくる。tomad 氏と similarobjects 氏は、こうした互いのレーベルの特徴と社会的背景を踏まえつつ、イベントのテーマとして「異花受粉（Cross-pollination）」を提案した。これは現在のインターネット上にある音楽シーンと自身の活動になぞらえたもので、それを表すタイトルとして「ｘ-ｐｏｌ」を採用した。そして東京とマニラをオンラインでつなぎ、二人のディレクターは以下のコンセプトを掲げた。

異なる系統のふたつの植物が組み合わさり、新しくて多様性に富んだ変種を生みだすことのある異花受粉（=x-pol）。本イベントでは、このことを、現在起きているインターネット上にある新たな音楽文化のシンボルとして捉えています。そこには、知識、アイデア、文化の共有と交流を通じて、それぞれのグループが互いを豊かにしていくような状況、そして異花受粉にあるような強い個人を生み出す可能性が生まれているのです。そして、この音楽プログラム「x-pol: Buwan Buwan × Maltine」は、こうした状況を象徴的に示すものとなるでしょう。日本とフィリピンで活動するふたつのコミュニティが交流するこのプログラムは、ショーケースであると同時に、アイデア、倫理、クリエイティブな表現の交差点にもなるのです。[4]

このイベントは、ディレクターのほか、日本から三組（TORIENA, PARKGOLF, Pa's Lam System）、フィリピンから三組（Moonmask（fka Ulzzang Pistol）, Meshua, Nights of Rizal）のミュージシャンを迎えて開催された。インターネットを経由し、リアルに立ち上がった交差点は、東京へと次の舞台を移すことになる。

二〇一八年二月に「MeCA｜Media Culture in Asia: A Transnational Platform」の一環として「BORDERING PRACTICE」というイベントが開催された。ここで tomad 氏は、これまでの調査とレーベルを通じた海外とのネットワークを一つの場へと結実させる。しかし、ここでテーマとなったのは、かつてのインターネットにあったユートピア的な感覚ではなく、インフラとして固定化された今日のインターネットの閉塞感を前提としたものだった。機材やソフトウェアの汎用化とストリーミング環境は、プロとアマチュア、ミュージシャンとリスナーの垣根を低くし、かつては受け手でしかなかった人びとが発信者になるなど、創作の可能性と多様な音楽に出会う機会を広げた。しかし、共通のプラットフォームとなったサービスに対し、既存の産業資本が流入するスピードは速く、そのことによって楽曲やアーティストの画一化が進む状況も生まれている。こうした状況に対して tomad 氏は、「境界（Border）を引く」ことを、このイベントで改めて目指したのである。そのために、フィリピン（similarobjects）、インドネシア（KimoKal）、台湾（Meuko! Meuko!）、日本（tofubeats、PARKGOLF）のほか、レーベルや楽曲間で関係をもつアメリカ（Meishi Smile）、カナダ（Ryan Hemsworth）のミュージシャンを招くこととした。変容する音楽シーンに敏感に反応し、

図 16-4　x-pol: Buwan Buwan × Maltine の様子（2017 年、撮影：GraphersRock）

図 16-5　「BORDERING PRACTICE」の様子（2018 年、撮影：Jun Yokoyama）

それぞれの地域やコミュニティをグローバルなシーンから俯瞰的にみつめるミュージシャンたちを集めたこのイベントを、それぞれの共通点と差異を改めて確認するための機会と位置づけたのである。境界（Border）を引かなければ、面は生まれない。越境的な対話と背反するような態度ともみえるが、このことは、決して音楽だけに限らず、現在のネットワーク社会におけるさまざまな文化領域の形成プロセスについても起こりうることだろう。限定された機材やサービス、統一されたデータフォーマット、情報プラットフォームの定着によってモノ・コトが均質化していくからこそ、個人のオリジナリティや地域の独自性という違いを確認しようとするのである。

## 第四節　結びにかえて――対話のための余白

ここで参照したプログラムは、公的機関で実施されている文化交流事業の一端ではあるものの、ネットワーク社会における文化を通じたトランスナショナルな対話や協働の実態といえる。テクノロジーを主題／技法とする表現やインターネットを中心とするコミュニティを通した協働の取り組みからは、技術と表現、社会との関係性、そして人びとの価値観が変容しゆく、これからの越境的対話の可能性がみえてくる。あらゆるモノ・コトをつなぎ合わせるネットワーク社会において、人びとの対話の機会は、異なる人・場所までを間接的につなぎ合わせ、協働の連鎖を生み出していく。そ

［4］http://refnow.jfac.jp/xpol/（最終確認日：二〇一八年四月八日）

して、共通した情報プラットフォームがあるからこそ、個人のオリジナリティや地域の独自性をみつめようとする。プログラムの過程からは、データとして共有可能なもの、そしてインターネット上での共感を越えた越境的対話を追求するために、個人間の相互理解という「点」を導き、それを相互に結びながら、文化という「面」を導く方法を気づかせてくれる。

ネットワーク社会においては、空間と時間、既存の文化領域を越えたダイナミックな発想がある一方で、個人の認識と経験にもとづくリアリティも共存している。だからこそ、トランスナショナルな対話や協働を実現するためには、国家を単位とした「文化」からはみえてこない人びとの想像力と移ろいゆく表現動向に目を向ける必要がある。テクノロジーを主題／技法とする表現や、ネットワークによって形成される新たなコミュニティやムーブメントを通じた協働には、ネットワーク社会における市民間の対話や個人間の共通理解を育む可能性とヒントが含まれているのである。

岩渕功一氏は、著書をこのように締めくくっている。

「方法としてのトランスアジア」は、様々な境界を架橋して相互の学びを促進する、対話的な公共空間の形成に向けて、メディア文化の繋がりが越境対話を育む力を真剣に受けとめ、その展開の仕方に目を凝らして積極的に介在していく。そのためには、研究者にとどまらない様々な立場の人たちと国境を越えて協働的な実践をしていくことが不可欠である。（岩渕 二〇一六：三二九–三三〇）

その実践は少しずつ始まっている。決して閉じることなく、想像力を拓くための技術と価値観を、すでにデジタルクリエイティブを担う若者は共有しているのである。

## ◉引用・参考文献


アンダーソン、C（二〇一二）／関　美和［訳］『メイカーズ――二一世紀の産業革命が始まる』ＮＨＫ出版（Anderson, C. (2012). *Makers: The new industrial revolution*. New York: Crown Business.）

石戸谷聡子・小野寺啓・千葉　薫・廣田ふみ・阿部謙一［編］（二〇一七）『メディアアート国際シンポジウム〝アート＆テクノロジー〟――時代の変遷、同時代の動向、これからのプラットフォーム 報告書（冊子版）』アーツカウンシル東京・国際交流基金アジアセンター

岩渕功一（二〇一六）『トランスナショナル・ジャパン――ポピュラー文化がアジアをひらく』岩波書店

ガーシェンフェルド、N／糸川　洋［訳］（二〇〇六）『ものづくり革命――パーソナル・ファブリケーションの夜明け』ソフトバンククリエイティブ（Gershenfeld, N. (2005). *Fab: The coming revolution on your desktop--from personal computers to personal fabrication*. New York: Basic Books.）

水野　祐（二〇一七）『法のデザイン――創造性とイノベーションは法によって加速する』フィルムアート社

## 人名索引

## 事項索引

## 執筆者紹介（執筆順・編者は*）


高馬京子*（こうま きょうこ）
所属：明治大学情報コミュニケーション学部准教授
担当：はじめに、第1章

大山真司（おおやま しんじ）
所属：立命館大学国際関係学部准教授
担当：第2章

太田　哲（おおた さとし）
所属：多摩大学グローバルスタディーズ学部准教授
担当：第3章

後藤絵美（ごとう えみ）
所属：東京大学日本・アジアに関する教育研究ネットワーク特任准教授、東洋文化研究所准教授
担当：第4章

柴田拓樹（しばた ひろき）
所属：二松學舍大学大学院文学研究科博士前期課程
担当：第5章

松本健太郎*（まつもと けんたろう）
所属：二松學舍大学文学部准教授
担当：第5章

石田佐恵子（いした さえこ）
所属：大阪市立大学大学院文学研究科教授
担当：第6章

小池隆太（こいけ りゅうた）
所属：山形県立米沢女子短期大学社会情報学科教授
担当：第7章

柴　那典（しば とものり）
所属：音楽ジャーナリスト
担当：第8章

成実弘至（なるみ ひろし）
所属：京都女子大学家政学部教授
担当：第9章

北村　卓（きたむら たかし）
所属：大阪大学言語文化研究科教授
担当：第10章

山田奨治（やまだ しょうじ）
所属：国際日本文化研究センター教授
担当：第11章

小野原教子（おのはら のりこ）
所属：兵庫県立大学経営学部准教授
担当：第12章

伊藤直哉（いとう なおや）
所属：北海道大学メディア・コミュニケーション研究院教授
担当：第13章

谷島貫太（たにしま かんた）
所属：二松學舍大学文学部専任講師
担当：第14章

遠藤英樹（えんどう ひでき）
所属：立命館大学文学部教授
担当：第15章

廣田ふみ（ひろた ふみ）
所属：国際交流基金アジアセンター
担当：第16章

**越境する文化・コンテンツ・想像力**

**トランスナショナル化するポピュラー・カルチャー**

2018 年 10 月 20 日　初版第 1 刷発行

編　者　高馬京子
　　　　松本健太郎
発行者　中西　良
発行所　株式会社ナカニシヤ出版
〒606-8161　京都市左京区一乗寺木ノ本町 15 番地
Telephone　075-723-0111
Facsimile　075-723-0095
Website　http://www.nakanishiya.co.jp/
Email　iihon-ippai@nakanishiya.co.jp
郵便振替　01030-0-13128

印刷・製本＝ファインワークス／装幀＝白沢　正

Printed in Japan.
ISBN978-4-7795-1327-5

## ❾記録と記憶のメディア論

谷島貫太・松本健太郎［編］　記憶という行為がもつ奥行きや困難さ、歴史性、そしてそれらの可能性の条件となっているメディアの次元を考える。　2600円＋税

## ❿メディア・レトリック論

文化・政治・コミュニケーション　青沼　智・池田理知子・平野順也［編］　コミュニケーションが「不可避」な社会において、私たちの文化を生成するコミュニケーションの力＝レトリックを事例から検証する。　2400円＋税

## ⓫ポスト情報メディア論

岡本　健・松井広志［編］　情報メディアに留まらない、さまざまな「人・モノ・場所のハイブリッドな関係性」を読み解く視点と分析を提示し、最新理論と事例から新たなメディア論の可能性に迫る。　2400円＋税

## 出来事から学ぶカルチュラル・スタディーズ

田中東子・山本敦久・安藤丈将［編］　身の回りで起きている出来事、社会や文化、政治や社会運動……文化と権力の関係を捉えるための議論や視座を学べる入門テキスト。　2500円＋税

## 交錯する多文化社会

異文化コミュニケーションを捉え直す　河合優子［編］　日常のなかにある複雑なコンテクストと多様なカテゴリーとの交錯をインタビューやフィールドワーク、メディア分析を通じて読み解く。　2600円＋税

## 国際社会学入門

石井香世子［編］　移民・難民・無国籍・家族・教育・医療・観光……国境を越えたグローバルな社会現象をさまざまな切り口から捉える入門テキスト。　2200円＋税

## フードビジネスと地域

食をめぐる文化・地域・情報・流通　井尻昭夫・江藤茂博・大崎紘一・松本健太郎［編］　現代の食と地域をめぐる関係性を多角的に考察。　2700円＋税

## メディアをつくって社会をデザインする仕事

プロジェクトの種を求めて　大塚泰造・松本健太郎［監］　教育現場、地域社会、現代文化を変えようとする起業家たちはどのような思いを伝えたのか？　大学生たちが自ら編み上げたインタビュー集。　1900円＋税